学校体育发展及青少年健康促进策略研究

陆　贝／著

人民体育出版社

图书在版编目（CIP）数据

学校体育发展及青少年健康促进策略研究 / 陆贝著
. -- 北京：人民体育出版社, 2023（2023.10重印）
ISBN 978-7-5009-6233-5

Ⅰ. ①学… Ⅱ. ①陆… Ⅲ. ①学校体育－研究－中国
②青少年－体质－健康教育－研究－中国 Ⅳ. ①G807
②G479

中国版本图书馆CIP数据核字(2022)第218101号

*
人民体育出版社出版发行
北京建宏印刷有限公司印刷
新 华 书 店 经 销
*
710×1000 16开本 11.5印张 206千字
2023年4月第1版 2023年10月第2次印刷
*
ISBN 978-7-5009-6233-5
定价：63.00元

社址：北京市东城区体育馆路8号（天坛公园东门）
电话：67151482（发行部） 邮编：100061
传真：67151483 邮购：67118491
网址：www.psphpress.com
（购买本社图书，如遇有缺损页可与邮购部联系）

前 言

儿童青少年的体质问题是国之大事，也是实现国家兴旺、民族复兴需要攻克的燃眉之急。“百年大计，教育为本”。为了解决这一难题，必须发挥体育教育的强大作用，努力培养“德智体美劳”全面发展的新一代，为实现中华民族的伟大复兴贡献力量。

体育作为教育的重要内容和手段，在青少年的成长道路上绝不能缺席。与其他文化课程相比，体育课程不是为学生将来从事某一职业直接提供认知基础，它主要是为学生快乐、健康、幸福的生活，为充分感受人的生命力、体验情感、增强意志力服务。我们必须发挥体育独特的、无可替代的教育价值和意义，让孩子们在体育参与过程中“享受乐趣，增强体质，健全人格，锤炼意志”。2018年9月10日，习近平总书记在全国教育大会上做出了上述指示，充分肯定了体育的价值和地位，也对体育工作，尤其是学校体育工作提出了更高的要求。这十六字方针将成为未来学校体育发展的目标和方向，也是学校体育必须承担起的国家责任和使命。如何发挥体育的教育作用，是一个十分值得探讨的话题，也是所有从业者面临的巨大挑战。

回顾学校体育发展的历程，广大学校体育工作者们一直在努力。但是事实证明，结果不尽如人意。广大儿童青少年的体质状况仍令人担忧，体育课在夹缝中生存，体育教师的地位尴尬，整个学校体育工作开展起来困难重重。习近平总书记有关学校体育工作的十六字方针也是在这样的背景下提出的。在此现状下，需要所有学校体育工作者、科研人员努力打破这一尴尬的现状，研究出更多、更有效的策略提高儿童青少年的健康水平和身体素质，真正实现“少年强，则中国强”。

作为一名教育工作者，笔者被所见、所闻、所感而影响，深感忧虑的同时也深知自身所肩负的责任。所以，在这样的背景下，笔者开始撰写书稿，期待能在历史资料、文献等的查阅及实践中摸索出更多可以促进儿童青少年身体健康水平的途径和策略，为社会、为家庭、为儿童青少年的发展贡献微薄的力量。因此，本书将沿着学校体育发展的脉络，研读它的历史，正视它的现代，并构建它的未来。

目　录

第一章　青少年健康促进的理论构建与实践需求…………………（1）

一、党和国家对儿童青少年健康状况高度重视 ……………………（1）

（一）重量级政策文件的顶层设计和宏观指导为青少年体育发展指明了方向 ……………………………………………………（1）

（二）连续性、关键性政策文件的频繁出台凸显解决青少年健康问题的必要性和迫切性 ……………………………………（3）

（三）不断改革创新，努力找寻更加适合学校体育发展的道路 ……………………………………………………………………（4）

（四）不断建立的组织管理机构是学校体育发展的坚强后盾 ……………………………………………………………………（5）

二、儿童青少年面临的重大健康问题亟须解决 ……………………（8）

（一）严重的身体活动不足导致儿童青少年的健康面临巨大威胁 ……………………………………………………………………（8）

（二）青少年阶段健康素养形成的终身效益 ………………………（10）

（三）数据警醒——我国青少年身体活动不足的现状急需改善 ……………………………………………………………………（11）

三、为促进儿童青少年身心健康付出的努力效果不佳 ……………（12）

四、青少年的成长需要体育发挥多元化和深层次的价值 …………（13）

五、竞技体育后备人才培养需要真正实现体教融合 ………………（14）

六、体育参与和文化成绩间的关系是相辅相成的 …………………… (15)

第二章　国外学校体育发展的脉络 …………………………………… (17)

一、三大思想解放运动对体育发展的影响 ……………………… (17)
（一）文艺复兴与体育的发展 ………………………………… (17)
（二）启蒙运动与体育的发展 ………………………………… (18)
（三）宗教改革与体育的发展 ………………………………… (20)
二、学校的建立 ……………………………………………………… (21)
三、学校体育课程的初步形成及课程化 ………………………… (22)
（一）学校体育课程的初步形成 ……………………………… (22)
（二）学校体育课程制度化 …………………………………… (23)
（三）学校体育课程内容体系化 ……………………………… (24)
四、学校体育思想、理论的逐步确立 ……………………………… (25)
（一）洛克与绅士主义体育思想 ……………………………… (25)
（二）卢梭的“自然体育观” ………………………………… (25)
（三）裴斯泰洛奇与和谐体育思想 …………………………… (26)
（四）斯宾塞的功利主义体育观 ……………………………… (28)
五、学校体育制度的建立 …………………………………………… (29)
六、体育师资的专门培养 …………………………………………… (30)

第三章　中国学校体育发展的脉络 …………………………………… (32)

一、中国近代学校体育的发展 ……………………………………… (32)
（一）1840—1903年学校体育的初步发展时期…………………… (32)
（二）1904—1911年学校体育框架的形成………………………… (36)
（三）1912—1921年学校体育的发展……………………………… (39)
（四）1922—1937年学校体育的发展……………………………… (41)

（五）1938—1949年学校体育的发展……………………（45）
二、中华人民共和国成立后学校体育的发展 ……………………（48）
（一）中华人民共和国成立后中小学体育课程的改革 ……（49）
（二）青少年体质评价标准的演变、发展与解析 …………（55）
（三）重磅性学校体育发展政策的解析 ……………………（62）

第四章 青少年健康促进策略研究 ……………………………（127）

一、青少年健康促进的首选——体育教育……………………（128）
（一）构建体育教育开展的和谐环境、提出切实可行的政策是实现健康促进的前提条件 ……………………………（128）
（二）基于国家标准和年级水平的课程的设置 ……………（133）
（三）正确的指导——以学生发展为中心创设满足所有学生需求和水平的活动 ……………………………………（139）
（四）学生评估——多样化评估手段看重学生的进步率……（140）
二、青少年健康促进——上学前后身体活动的创新参与…………（142）
（一）不同时间段身体活动参与方式的创新 ………………（142）
（二）课外身体活动标准的制定及基于标准的评估工具的设计 ……………………………………………（147）
（三）课外体育活动组织建立基础上各类体育赛事的举办 （149）
（四）基于学校的综合性身体活动计划的制定、实施 ……（151）
三、青少年健康促进——学校与家庭、社区的合作互动…………（159）
（一）家长助力青少年身体活动的参与 ……………………（159）
（二）社区的参与和助力 ……………………………………（164）

结语 ………………………………………………………（167）

参考文献 …………………………………………………（169）

第一章 青少年健康促进的理论构建与实践需求

物质基础决定上层建筑。当我们迈入小康社会，不再为衣食住行担忧时，精神的满足和身心健康成为现代人新的追求。所谓“健”是指身体的康健，“康”则是指精神和心理的健康。现代社会的高速发展使得人们对健康的诉求更加迫切，青少年也不例外，课业的压力、屏幕时间和久坐时间的增长对青少年的健康造成严重的威胁。青少年时期是人生的起始阶段，也是人生宝贵的黄金时期，这一阶段任何习惯的养成和健康基础的搭建都会产生终身效益。因此，加大健康保障的前期投入，就是打好青少年时期的健康基础，是保证人终身健康最积极、投入产出比最佳的手段，是真正的未雨绸缪。

体育参与或充足的身体活动是国际社会普遍认同和主张的促进青少年健康的重要途径。面对青少年日益严峻的因身体活动缺乏而导致的健康问题，我国一直在努力，一方面，从理论层面构建先进的指导思想、政策框架，为青少年的体育参与奠定坚实的理论基础，构建全面科学的宏观顶层设计，为学校体育的发展指明方向、设定目标；另一方面，需要从实践的角度出发，努力将理想的构想变为现实。本章旨在全面梳理我国在促进青少年体育参与方面做出的努力，既包括理论层面的构建，也包含实践的探索。

一、党和国家对儿童青少年健康状况高度重视

（一）重量级政策文件的顶层设计和宏观指导为青少年体育发展指明了方向

党和国家对儿童青少年健康状况的重视，首先体现在大量政策文件的颁布和实施上。以法律、条例、意见等约束相关部门、单位、群体或个人的行为，明确学校体育发展的指导思想，指明学校体育的发展方向，为学校体育的发展

提供制度保障。在不同的时期，国家出台的有关学校体育发展的政策不计其数。每一个阶段都具有鲜明的特色，体现了国家对学校体育的认识和期许。

随着社会的发展，当前我国的主要矛盾已经变成“人民日益增长的美好生活需要和不平衡不充分的发展之间的矛盾”。对于学校体育的发展来说，学校体育需要不断满足学生对体育各方面的需求，不仅是物质层面的需求（如场地、器材、经费等），还包括精神层面的需求（如公平地享受各类体育资源、快乐地参与体育锻炼等）。因此，在新时代，学校体育的使命必须与时俱进，迎接发生的新变化，需要我们更加努力地加强学校体育工作，满足时代的需求和青少年身心发展的需要。也正是在时代变迁中，有关学校体育的政策应运而生。近几年，有关学校体育发展的政策文件层出不穷，充分体现了党和国家对学校体育工作的重视。

2018年，习近平总书记在全国教育大会上发表的“坚持中国特色社会主义教育发展道路，培养德智体美劳全面发展的社会主义建设者和接班人”的重要讲话，围绕“培养什么人、怎样培养人、为谁培养人”这一根本问题展开，肯定了教育事业在我国各项事业发展中的重要地位，也为我国教育事业的发展指明方向，提出了更高的要求——促进人的全面发展和社会全面进步。其中，习近平总书记对体育事业的论述（“要树立健康第一的教育理念，开齐开足体育课，帮助学生在体育锻炼中享受乐趣、增强体质、健全人格、锤炼意志”）更是肯定了学校体育事业的重要地位和光荣使命。德智体美劳，作为“五育”之一的体育，在人的全面培养方面发挥着不可替代的作用。

为了贯彻落实习近平总书记关于体育强国建设的重要指示和全国教育大会精神，提升体育在教育领域中的地位及挖掘体育领域的教育功能，2020年4月27日，《关于深化体教融合促进青少年健康发展的意见》出台，从八个方面共37项内容全面阐述了体教融合的发展方向和实施思路，更进一步明确了解决儿童青少年健康问题的重要性。促进我国儿童青少年体质健康，发挥体育的教育作用，已经成为刻不容缓的大事，成为体育事业发展的重点改革内容。在应对这一巨大挑战的过程中，需要群策群力，上下齐心，积极应对。

关于体教融合的意见出台不久，又一重磅文件落地。2020年10月15日，中共中央办公厅印发《关于全面加强和改进新时代学校体育工作的意见》，为学校体育工作的开展指明了新的方向，也是有史以来最全面、最深入要求发挥体育育人作用的文件。该文件从总体要求、不断深化教学改革、全面改善办学条件、积极完善评价机制、切实加强组织保障五个方面全面阐述了学校体育工作的具体要求。以开齐开足上好体育课为起点，努力构建多样化、现代化、高质量的学校体育体系，建立完善家庭、学校、政府、社会共同关心支持的学生全面健康成长激励机制。如此高规格的政策的出台体现出国家对学校体育工作中存在的问题高度重视。学校体育发展迎来了新的机遇和挑战。

（二）连续性、关键性政策文件的频繁出台凸显解决青少年健康问题的必要性和迫切性

以上重磅政策的出台体现了近几年国家发展学校体育的决心。但是青少年体质健康水平的改善绝不是教育部门一方就能解决的问题，或是短期内就能解决的问题，需要全社会的共同参与，需要调动各方力量共同促进青少年体育的发展。实际上，中华人民共和国成立以来有关学校体育发展的工作就未曾停止。国家在不同时期连续重磅出台了大量的政策纲领，表明了解决青少年体质问题的坚定决心。尤其是进入21世纪，一系列关键性政策陆续颁布，数量之多、频率之快凸显了解决青少年健康问题的必要性和迫切性（表1）。

表1　21世纪以来有关学校体育发展关键性政策一览表

年份	政策文件
2001年	《关于基础教育改革与发展的决定》
2001年	《全日制义务教育体育与健康课程标准（实验稿）》
2003年	《普通高中体育与健康课程标准（实验稿）》
2007年	《关于加强青少年体育增强青少年体质的意见》
2012年	《关于进一步加强学校体育工作若干意见的通知》
2013年	《中共中央关于全面深化改革若干重大问题的决定》
2014年	《学生体质健康监测评价方法》《中小学学校体育工作评估办法》《学校体育工作年度报告方法》
2015年	《关于加快构建现代公共文化服务体系的意见》《学校体育运动风险防控暂行办法》《关于加快发展青少年校园足球的实施意见》
2016年	《体育发展“十三五”规划》《关于强化学校体育促进学生身心健康全面发展的意见》《全民健身计划（2016—2020）》《青少年体育“十三五”规划》《“健康中国2030”规划纲要》
2018年	《青少年身体活动促进计划》《普通高中体育与健康课程标准（2017 年版）》
2020年	《关于深化体教融合促进青少年健康发展的意见》
2020年	《关于全面加强和改进新时代学校体育工作的意见》

21世纪以来，在党和政府的领导下，在国务院和教育部、国家体育总局等主要相关部门的统一管理下，有关学校体育发展的相关政策频频出台，有的年份还会出现多项相关政策同时颁布实施的情况。这种自上而下的行政命令式的推行模式，一直是我国学校体育工作开展的主要途径。如果没有政府的行政参与，社会机构和市场机构的介入又较少，学校体育工作将寸步难行。但是随着改革力度的加大，管理机构从最初单一的教育部门或体育部门，开始向多部门或各方力量参与转变。无论是群众性体育工作还是公共事业，或是国家的改革发展，都会涉及学校体育的相关内容。学校体育工作也必须突破学校这一单一的范畴，以“大体育”的角度看待青少年体质健康问题，加大与社会各部门的融合。从政策来看，内容涉及学校体育发展的多个方面（硬件及软件）、层级（国家、省、市、学校等），条目清晰、内容全面。但多是宏观指导类的条款，表述的语气缺乏强制性，多以“意见”的形式颁布，缺少法律效力，从而导致执行力低的尴尬局面。

随着体育事业改革的推进，我国的学校体育工作取得了显著的成就，从“健康第一”指导思想的提出，课程标准的进一步制定，再到《学生体质健康监测评价方法》《中小学学校体育工作评估办法》《学校体育工作年度报告方法》等一系列标准的出台等，标志着从义务教育阶段到高中阶段这一包含青少年成长全过程的体育与健康课程真正做到了“有标可依”。从中央到地方，到各基层学校，到体育教师，在开展体育与健康课程教学的过程中都要严格按照课程标准的要求进行，这也具有一定的里程碑意义。

（三）不断改革创新，努力找寻更加适合学校体育发展的道路

有关青少年体育或学校体育发展的政策文件是一项宏观的顶层设计，是一种指导思想、改革思路，也是一种有力的制度保证，在整个体育领域引起了广泛关注。然而，政策文件的出台只能代表某一时期的发展思路和改革目标，随着社会的发展和时代的进步，任何政策文件都会“过时”，都会因为新的问题和困难的产生而需要进行进一步的改革和创新。事实上，面对儿童青少年体质的严峻形势，党、国家和社会一直在努力，学校体育一直走在改革的道路上，学校体育的发展史在一定程度上也可以看作是一部改革史。

在学校体育改革的进程中，最具代表性的就是有关中小学体育与健康课程的8次基础性改革（后面章节详述）。尤其是21世纪以来的第八次基础教育改革

对学校体育的发展产生了深远的影响，也塑造出当前学校体育的框架和内容体系。这些改革都是在顺应历史潮流和社会需求的前提下进行的，也充分证明了学校体育发展道路的曲折性、适应性和革新性。

当然，每一次改革和创新，既是为了解决青少年体育领域存在的诸多历史遗留问题，也是为了应对衍生出的新问题。历史的遗留问题没有解决好，一方面说明问题的严重性和难度颇大，另一方面也说明之前已有的方法不奏效，需要我们不断地改革创新。体育场地设施问题、体育课的课时保障问题、体育师资的配备和体育教师的能力素养问题等，都是学校体育发展中的顽疾，几乎出台的每一个政策都会提及这些内容。这些基本的保障问题若得不到解决，学校体育的发展将不能更好地推进，也必将成为学校体育发展和青少年体质增强道路上的绊脚石。当然，近年来这些老难题的确有所改善，但仍存在着严重的东、中西部发展不充分和不平衡的问题[1]。衍生出的新问题是社会其他领域问题的折射和缩影，如新冠疫情影响下的居家锻炼问题、科技发展导致的身体活动不足问题，以及如何发挥体育的教育功能培养学生的核心素养问题，这些新问题也必须得到高度重视，否则定会成为严重的社会问题，从而影响社会的正常运转。与老问题相比，由于缺乏足够的经验和对新问题认知的不足等，使新问题的解决更加复杂且具有挑战性。这就是事物发展或社会进步必将面临的状况，是一个周而复始、不断循环升级的过程，需要一代代的体育工作者为之努力、为之奋斗。

总的来说，在我国这样一个人口大国，单靠政府的财政支持和自上而下的行政性改革，注定了改革之路是异常艰难的，甚至会出现难以解决的问题。但是，每一次改革都会有经验和教训，都有值得肯定和否定的方面。本书希望能在全面梳理各项改革的基础上，总结规律，发现问题，找寻出路，为青少年体育的健康发展提供一定的理论依据。

（四）不断建立的组织管理机构是学校体育发展的坚强后盾

改革开放以来，为了切实推进学校体育的发展，解决青少年体质问题，国家建立了专门的组织管理机构来协调、组织各项学校体育工作（表2）。国家教委负责学校体育工作的学校体育司专门建立了体育卫生处，并配置了专职的体

［1］季浏，马德浩. 新时代我国学校体育改革与发展［J］. 体育科学，2019，39（3）：3.

育、卫生干部。全国性的学校体育组织管理框架也基本建立起来。1987年，学校体育司更名为学校体育卫生司，并增设卫生与健康教育处。同时，根据《中共中央关于教育体制改革的决定》，国家成立了全国中小学教材审定委员会，进一步规范和提高了中小学教材质量[1]。1993年，体育卫生与艺术教育司成立，形成了全国至各省、直辖市、自治区的垂直管理机构。自此，从中央到地方的学校体育组织管理机构进一步向地方倾斜，这也是避免脱离地方实际的有效做法。

表2　改革开放以来青少年体育组织管理机构建立情况一览表

年份	教育部门	体育部门	综合部门
1979年	学校体育工作的体育卫生处（专职的体育、卫生干部）		
1986年	全国中小学教材审定委员会		
1987年	学校体育卫生司（增设了卫生与健康教育处） 全国中小学教材审定委员会		
1993年	体育卫生与艺术教育司		
1997年		青少年体育处	
1998年	学生体育协会联合秘书处		
2008年			加强青少年体育部际联席会议制度
2010年		青少年体育司	
2015年			全国青少年校园足球工作领导小组
2016年			全民健身工作部际联席会议制度
2020年			青少年体育工作部际联席会议制度

[1] 季浏，马德浩. 改革开放40年我国学校体育发展回顾与前瞻［J］. 体育学研究，2018，1（5）：2.

1997年，隶属于国家体委群众体育司的青少年体育处建立起来，与教育部门的体育卫生与艺术教育司共同解决青少年体质健康问题，从而也使学校体育的组织管理框架进一步延伸和拓展。1998年，国务院大刀阔斧地进行了机构改革。国家教委改组为教育部，国家体委改组为国家体育总局，而隶属于两个部门的负责青少年体育工作的机构却命运不同，教育部的体育卫生与艺术教育司继续保留，但国家体育总局的青少年体育司却没设立，这也在一定程度上影响了体育部门在青少年体育工作方面职能的发挥，尤其是在青少年体育赛事方面。值得一提的是，1998年学生体育协会联合秘书处的建立很好地将全国大、中学生体育协会联系在一起，共同开展学校体育工作。十年后，由教育部牵头、七部委参加的“加强青少年体育部际联席会议制度”建立，从而打破了教育部门单打独斗的局面，开始了各部门合作的尝试。

2010年，青少年体育司再次回归，它是由原隶属群众体育司的青少年体育处与隶属于竞技体育司的后备人才处整合而成。不仅如此，各省、直辖市、自治区体育局专门的青少年体育管理机构也陆续建立起来，有效推动了青少年课外体育活动与比赛的开展。从横向上讲，教育部门和体育部门联合起来共同促进青少年体质健康的提高。2015年，轰轰烈烈的校园足球活动开展起来。为了保障校园足球工作有效开展，加强对校园足球工作的领导，经国务院批准，教育部联合国家发改委、财政部、国家体育总局等部门共同成立了“全国青少年校园足球工作领导小组”。次年，即“健康中国2030”战略发布之后，经国务院批准，国家体育总局联合国家发改委、教育部、民政部等部门共同建立了“全民健身工作部际联席会议制度”。

2020年，为贯彻落实党中央、国务院决策部署，按照《体育总局教育部关于印发深化体教融合促进青少年健康发展意见的通知》要求，加强对青少年体育工作的统筹协调和指导，推进体育强国、教育强国建设，经国务院同意，建立了由15个部门和单位组成，由国务院办公厅、教育部、体育总局为牵头单位的青少年体育工作部际联席会议制度。这是继全国青少年校园足球工作领导小组和青少年近视防控部际联席会议之外的第三个跨部委的学校教育协调机制。

从学校体育组织管理机构的演变过程可以看出，改革开放后，我国的学校体育组织管理机构经历了从无到有、从简单到复杂、从单一到联合的变化过程，充分体现出党和国家对学校体育工作的重视，也促进了当前我国学校体育横向和纵向管理新模式的建立，即横向层面已经形成了以教育部门为主管、体育部门为辅助、其他部门协同的相对完善的组织管理机构框架，纵向层面形成了“中央→省市→区县→学校”的四级组织管理机构框架[1]，有效地保障了学校体育健康有序的发展，也为新时代学校体育治理体系与治理能力的现代化建设打下了坚实的组织基础。接下来，随着社会的不断发展和国家治理模式的创新，学校体育的组织管理重心将进一步下移，形成更为完善的“中央→省市→区县→街道办事处或乡镇→学校”的五级组织管理机构框架[1]。同时，也将发挥社会组织和市场组织的重要作用，搭建更加宽广的合作平台，真正实现政社分离、管办分离，共同推进学校体育工作的创新发展。

二、儿童青少年面临的重大健康问题亟须解决

（一）严重的身体活动不足导致儿童青少年的健康面临巨大威胁

在世界范围内，儿童青少年的健康问题日益严重已经成为不争的事实，我国也不例外。营养问题（超重与肥胖、发育迟缓与消瘦）、血压问题、龋齿问题、视力不良问题、健康疾患问题已经严重影响到儿童青少年的健康。

视力方面，国家卫健委于2018年向社会公布了我国儿童青少年近视情况的调查数据。数据显示，全国儿童青少年总体近视率为53.6%。其中，小学生为36.0%，初中生为71.6%，高中生为81.0%。同时，低年龄段近视问题突出，必须高度重视低年龄段儿童青少年的近视防控工作，增加其户外运动时间，减少用眼时间，注意用眼的科学、卫生。然而，数据显示，我国67%的学生每天户外活动时间不足2小时，29%的学生不足1小时。长此以往，后果将不堪设想。2020年新冠疫情爆发，儿童青少年的视力情况可谓雪上加霜。由于学生普遍采用网课的形式进行学习，导致近视率进一步增加。教育部对九省份14532人进行视力调研的结果显示，与2019年相比，学生的近视率增加了11.7%，小学生近视率增加15.2%，初中生近视率增加了8.2%，高中生近视率增加了3.8%。数据的增加更加显示了问题的严重性，也证明增加学生户外运动时间、增强体育参与的必要性和迫切性。

除此之外，我国青少年的肥胖率也非常惊人。2018年国家卫健委发布的数据显示，6～17岁儿童青少年超重率是9.6%，肥胖率是6.4%，两部分加起来有16%。男生高于女生，城市高于农村，而且跟几十年前比明显上升。活力健康

[1] 季浏，马德浩. 改革开放40年我国学校体育发展回顾与前瞻[J]. 体育学研究，2018，1（5）：7.

儿童全球联盟发布的数据显示："全世界20个青少年中就有6个是肥胖者"。超重不仅影响儿童青少年正常的生长发育，对其心理、行为、认知和智力也会产生不良影响。有证据表明，1/3的超重青少年会在成年后肥胖，而肥胖青少年成年以后肥胖的概率会更高（达2/3）。另外，肥胖还会增加成年后慢性病的患病风险。面对这一状况，除了在饮食上予以重视外，增加科学运动，保持健康体重，是预防肥胖的最佳方法。

除了近视和肥胖问题，儿童青少年还面临着严重的骨健康问题。在人体生长期进行有规律的运动锻炼，不仅能够促进组织的生长发育，而且对人体的健康有着长久的效应，在生长期获得尽可能高的骨量对预防成年后骨质疏松的发生具有重要的作用。越来越多的研究表明，人体在生长期的运动可以增加峰值骨量[1]。需要强调的是，生长期运动对骨作用的长期效应还取决于运动的持续时间。所以，要想维持较高的骨量或延缓骨量的流失，必须持之以恒地进行体育锻炼[2]。然而，在现代社会中，由于儿童青少年缺乏足够的、持续性的、长时间的运动，尤其是缺乏具有一定负荷和难度的运动参与，使青少年的骨矿量降低得非常严重，容易造成骨折等问题，成年后也会增加患骨质疏松的风险。由于长时间静坐和不良的坐姿，青少年脊柱形态不良的现象也非常严重。很多青少年有严重的退行性病变，颈椎、腰背、膝关节等问题突出。这些问题如果得不到及时的解决，对其一生的影响将是毁灭性的。与其被动治疗，不如在预防上多下功夫，让儿童青少年多参加户外运动，多参加体育活动，防患于未然。

另外，不得不提的是青少年的心理健康问题。作为心理障碍的易感人群，除痴呆外的各种发生于成年人中的精神障碍及心理问题均可发生在青少年群体中。调查显示，我国中小学生精神障碍的患病率为21.6%～32%，突出表现为人际关系、情绪稳定性和学习适应方面的问题[3]。长期静坐和"两耳不闻窗外事，一心只读圣贤书"的生活方式割裂了儿童青少年与外界或他人之间的交流，成年人的施压和对其未来前途的构想，使儿童青少年心理问题更加突出。而体育参与在一定程度上会打破这些束缚，增强儿童青少年之间的交流，尤其是通过参与一些集体性的运动项目，让孩子们体会团队协作的力量，在比赛中磨练意志、增强自信等，很多心理健康问题即可迎刃而解。

[1] 刘瑾彦. 生长期的运动与骨健康述评［J］. 体育学刊，2005，12（6）：60.

[2] 刘瑾彦. 生长期的运动与骨健康述评［J］. 体育学刊，2005，12（6）：61.

[3] 柳鸣毅，孔年欣，等. 体教融合目标新指向：青少年健康促进与体育后备人才培养［J］. 体育科学，2020，40（10）：9.

引发当前儿童青少年健康危机的原因可谓纷繁复杂，但罪魁祸首是屏幕时间和静坐时间长导致的身体活动不足。现代的生活方式使得身体活动不断减少，学习压力使青少年体质受到前所未有的威胁和挑战。屏幕时间和静坐时间的增长已经成为导致儿童青少年体质下降的重要因素。因此，必须通过各种途径增加青少年的身体活动和户外运动时间。

世界卫生组织明确表示，“对儿童青少年的健康投资具有终身、隔代和更为经济的多重效应”。“充足的身体活动对心脏、身体和心理有重大的健康益处；有助于预防和管理非传染性疾病，如心血管疾病、癌症和糖尿病；有助于缓解抑郁和焦虑的症状；增强思维、学习和判断技能，确保年轻人健康成长和发展。如果全球人口更加活跃，每年可避免500万人死亡；与足够活跃的人相比，不够活跃的人的死亡风险增加20%～30%。”尽管人们已经充分认识到身体活动对青少年身心健康的益处，但世界上80%以上的青少年仍缺乏体育锻炼。由此看来，从认知到行为的转变尚需进一步的努力。

综上所述，青少年面临着严重的健康问题，任何与之相关者都需要行动起来努力改变这一糟糕的状况。无论是从短期利益考虑，还是从长远利益考虑，都应即刻行动起来，结合自身实际和相关的健身指南，充分利用体育课、课外体育活动及其他任何可以增加青少年动起来的机会，让他们积极参与到体育锻炼中去。

（二）青少年阶段健康素养形成的终身效益

从人的发展的角度来看，儿童青少年时期是各项技能形成和发展的敏感期，也是运动素质和运动技能在体育教学或运动训练过程中增长速度较快的阶段[1]。儿童青少年时期各类良好生活习惯的养成，将为其之后的人生发展奠定良好的基础，并将终身受益。世界卫生组织公布的影响人类健康的几大要素包括遗传因素（15%）、社会环境因素（10%）、自然环境因素（7%）、医疗条件因素（8%）和生活方式（60%），其中生活方式（行为习惯）因素是最重要的影响因素。因此，如果不能抓住儿童青少年这一人生的黄金时期，努力养成良好的运动习惯，促进肌肉记忆的形成，那么成年后也非常不利于运动技能的

[1] 柳鸣毅，孔年欣，等. 体教融合目标新指向：青少年健康促进与体育后备人才培养［J］. 体育科学，2020，40（10）：9.

学习和运动习惯的坚持。

世卫组织公布的数据表明，身体活动不足（缺乏身体活动）已经成为全球性问题。包括儿童青少年在内的很多人，并没有从人的发展的角度意识到问题的严重性。如若不积极应对身体活动不足的状况，它将成为引发慢性病的一种独立高危因素，进而影响人的一生。因此，2020年多个国家达成一致，建议“儿童青少年每天至少进行60分钟中等强度到剧烈强度活动（有氧运动为主），每周至少要有三天进行剧烈强度有氧运动及增强肌肉和骨骼的运动”。

（三）数据警醒——我国青少年身体活动不足的现状急需改善

我国儿童青少年面临的严重的健康威胁与其身体活动参与率低紧密相关。世卫组织公布的数据表明，我国5～18岁儿童青少年的身体活动不足率已经高达83.8%。这一数据也与我国权威机构（青少年体育发展蓝皮书）公布的相关状况基本吻合（身体形态生长水平呈持续增长趋势；肥胖检出率持续上升；视力不良问题仍居高不下，继续呈现低龄化倾向；大学生的耐力、速度、爆发力、力量素质持续下降，已经成为制约国民身体素质提高的瓶颈[1]）。

另外，根据活力健康儿童全球联盟2016年公布的数据来看（表3），以上海为代表的中国儿童青少年的身体活动参与情况不尽如人意。其中，儿童青少年静态生活方式、组织化的体育参与及身体活动总体水平处于F级别（不及格），其余6项也并不乐观，没有指标达到A等级。上海是国际大都市，硬件配备及居民的价值观念等都优于其他二三线城市或农村地区。这样看来，全国的情况更不乐观，这不得不引起我们的重视。

表3　2016年上海市儿童青少年身体活动发展评估等级

城市	指标								
	上学交通方式	静态生活方式	家庭和同伴的支持	学校	社区及周边建筑环境	政策供给主体	组织化的体育参与	自主性身体活动	身体活动总体水平
中国上海	C^-	F	B	B^+	D^+	D	F	D^-	F

[1] 刘扶民，杨桦. 中国青少年体育发展报告［M］. 北京：社会科学文献出版社，2017：53.

详实的数据充分说明了我国儿童青少年体质下降、健康状况令人堪忧的事实。偶尔的下降是可以接受的，然而我国儿童青少年体质连续30多年下降的事实绝不能无视。“小眼镜、小胖墩、小驼背”越来越多，课外体育活动流于形式，阳光体育“不阳光”就是当今儿童青少年体育参与的真实写照。更让人担忧的是，儿童青少年面临的还不止是身体素质下降单方面的危机，缺乏身体活动导致的心理健康问题也成为我们关注的焦点，抑郁症患病率、自杀率持续走高。多项研究表明，学业及家长等施加的压力使儿童青少年心理问题凸显。

“少年强，则中国强。”为了我国的未来，我们必须全力以赴迎战这一难题，充分发挥体育在增强体质、健全人格、减少心理疾病等方面的重要作用，努力培养德智体美劳全面发展的儿童青少年。

三、为促进儿童青少年身心健康付出的努力效果不佳

在改善儿童青少年体质和健康状况的道路上，全球的仁人志士一直在努力。面对严峻的形势，我国的体育工作者也一直在努力。有人计算过，体育课是学生从事时间最长的课程。从小学到高中毕业，学生们要进行大约1200多学时的体育课。但结果却是未能有效掌握一个专项的运动技能。学生的体育学习经历更多的充斥着“占用”“头脑简单，四肢发达”“放羊”“自由活动”“喜欢体育不喜欢体育课”“什么都不会”“运动伤害”“运动猝死”“运动损伤”“体育不被重视”“成绩不好练体育”“文化课重要、体育不重要”“运动浪费时间”“体育中考就是最后几个月练练”等字眼。更有甚者，很多学校的领导为了避免运动事故的发生，竟然说出“宁愿学生坐死，也不让学生跑死”的话语。这是体育教育的悲哀，更是学生的悲哀和教育事业的悲哀。

2018年，我国首份《中国义务教育质量监测报告》公布。向全社会阐述了义务教育阶段学生德智体美和学校教育教学发展等的基本状况。报告数据显示，学生的心肺功能、速度素质达标率较高，但肥胖、近视和睡眠不足问题较为突出。同时发现，体育课时偏少，体育周课时数少于3节的学校占比为44.3%。这也充分说明了体育课的尴尬地位，学生体质差也就可以理解了。

事实上，关于上课时间的限制，任何一份有关学校体育的文件中都有提及，而且三令五申，但数据让我们不得不质疑这些学校的执行力。上课时间只是体育课开展最基本的要求，如果这一点都无法做到，其他相关政策条款的执行情况也就可想而知了。

虽然关于学校体育的改革从未停止过，但改革实效并不令人满意。我们

必须深刻反思造成这一现状的原因，并积极采取有效的措施加以应对。明确的说，体育的弱势地位不改，学校体育不被重视，出台的政策若不能得到有效的执行，学校体育开展任何形式的改革都必将流于形式，根本不可能实现“培养全面发展的人”的宏伟目标。因此，在接下来的学校体育改革工作中，抓落实、抓实效应当成为工作的重点。通过制定科学、可行的评估体系和评估标准，加强对相关部门政策文件落实情况的评估，切实将顶层设计落实到位，才能真正实现学校体育的突破性发展。

由于儿童青少年时期是人生的起始阶段，并非疾病的困扰期，太多人存有侥幸心理，无视这一时期的健康问题。与学业相比，很多家长和学校选择了学业，认为健康似乎在后期可以挽救和弥补的。殊不知，青少年时期的健康是有代际和终身效益的，而且是不可逆的。这一根深蒂固的观念必须得以纠正，只有改变认知，才能一步步转化为行动，才能让更多的儿童青少年走到户外参与到体育锻炼中去。

当然，改革之路从来都是曲折的，会遇到巨大的障碍，甚至会出现停滞不前的状况，但这些都不能打击国家解决青少年健康问题的决心，当人们真正把“健康第一”的理念置于一切之首时，学校体育改革之路会顺畅、平坦许多。

四、青少年的成长需要体育发挥多元化和深层次的价值

关于体育功能的研究早已不是鲜见的课题。随着时代的发展和社会的进步，体育的经济、政治、文化、教育等价值被深入挖掘和广泛认可，体育的功能似乎更加多元化。在历史长河中，体育曾经是人们生存的手段。人类最原始的8项基本技能为走、跑、跳、投、游、滑、翻、爬，是必须具备的生存技能，是立命之本。体育也曾成为宗教、军事的附属品或实现政治目的的工具和手段，这些功能曾在很长一段时间内发挥着作用。也就是说，体育从来都不是单纯地存在，它总与其他事物或领域产生千丝万缕的联系，并发挥一定的效用。

然而，随着社会的进步，这些人类应当必备的生存技能却在逐渐退化，肥胖、慢性病等威胁着人类的健康，困扰着人们的生活。从最基本的生存的角度考虑，我们应努力增强我们的体质，掌握“走、跑、跳、投、游、滑、翻、爬”这些基本技能，这也是体育应当承担起的责任。青少年是国家的希望和未来，他们的健康关乎国家、社会、家庭和自身的生存发展，所以，我们必须重视学校体育。

可是，当我们反观学校体育的发展现状时，“长跑怕猝死，体操怕骨折，

游泳怕溺亡”等怪象层出不穷。正是如此，孩子们完全体会不到突破人体极限的快感和冲破终点线的成就感，也完全体会不到团队协作的幸福感和超越自我的荣誉感。人们的认知，尤其是青少年对体育的认知被局限化了。他们认为体育课就是跑圈，体育就等同于篮球、足球等单一的技能，体育技能的学习仅仅停留在模仿上，对体育的深层价值、历史等人文价值一无所知。这样的状况如若延续，将会导致不可挽救的后果。因此，现代人类，尤其是儿童青少年必须通过参与体育活动来掌握必备的运动技能，从而获得健康的身体。但是，我们不能仅仅满足于体质的增强，还需进一步了解体育深层次的价值，发挥体育多元化的价值。

“体教融合”的概念提出后，学校体育被赋予了更多的使命，比如在体育活动中体验欢乐、增加社交、寄托情感等。现代体育还被赋予“十二大品德”：有目标、重过程、懂礼节、懂传承、善合作、有责任、有自信、守规则、求知欲强、抗压力强、不服输、敢胜利。这充分体现了体育教育不单是技能的训练，更是促进人成长的教育过程，是对儿童青少年进行必要的人格培养的重要手段。总之，学校体育要充分发挥体育的多元化功能，从人的全面发展的角度保障青少年的体育参与。

五、竞技体育后备人才培养需要真正实现体教融合

竞技体育也是体育的重要组成部分，为了更好地实现竞技体育的可持续发展，必须高度重视青少年体育人才的培养，进而实现后备人才的无障碍输送。然而，当前青少年体质健康状况使我们对竞技体育后备人才输送充满了担忧。

2020年，《关于深化体教融合促进青少年健康发展的意见》旨在以一体化设计、一体化推进的路径，破除全体青少年健康成长和部分青少年业余训练相互割裂的时滞性[1]。1956 年国家体育运动委员会颁布了《青年业余体育学校章程（草案）》《少年业余体育学校章程（草案）》，拉开了以“区县体校—市级体校—省级专业队”为主要模式的三级训练网的序幕。然而，体校内人才培养的目标是争金夺银，为了实现这一目标不惜牺牲学习时间，导致严重的学训矛盾，也塑造了体育从业者“头脑简单，四肢发达”的刻板印象。现实生活中，家长为孩子选择出路时，会将体育专业作为文化成绩弱的备选。从事人数

[1] 柳鸣毅，孔年欣，等. 体教融合目标新指向：青少年健康促进与体育后备人才培养［J］. 体育科学，2020，40（10）：8.

的匮乏使得竞技体育后备人才的选拔举步维艰，青黄不接现象十分严重。如果不能尽快改变青少年文化教育和体育参与间的关系，竞技体育的发展将会受到严重影响。

实际上，无论是借鉴国际经验还是分析时代发展的需求，我国解决这一问题的思路一直都是努力将体育部门与教育部门结合起来，真正实现从普通学校的学生中选拔优秀的体育人才，改变以往单独从业余体校选拔人才的方法。传统特色项目学校的设立、高水平运动队的培养等举措都是尝试将二者结合，然而都未能切实实现两个部门的互通互利。

2020年“体教融合”理念的提出，让我们再次看到了解决问题的希望。在接下来学校体育的发展中，必须牢牢把握“普及与提高”的思路，在全面普及的基础上，通过赛事选拔优秀的人才，为竞技体育输送人才。脱离体育的教育不是完整的，而脱离教育的体育也将成为“无育体育”，失去持续发展的根基。因此，必须实现两者全面融合。

六、体育参与和文化成绩间的关系是相辅相成的

中华人民共和国成立后，迫于短期内要实现竞技体育成绩突破目标的压力，运动员们在本应在学校进行学习的年龄就开始了专业的运动训练。在有限的精力下，运动员的学业被严重忽视。由于竞技体育成材率低，很多运动员在退役后没有相应的技能，根本无法就业。因此很多人就把运动训练与文化成绩完全对立起来，学训矛盾变得十分突出，体育也“收获”了不良的社会形象。

除此之外，受高考指挥棒的影响，青少年必须通过刻苦的文化学习，才能从激烈的竞争中胜出，为此任何与学习冲突的事件都会被列入“黑名单”。学校为了保证升学率，想尽一切办法增加学生的学习时间，这样学生们就没有足够的时间参与体育锻炼，无法享受体育带给他们的乐趣，也因此造成体质下降。体育参与与文化学习之间的矛盾也变得愈发不可调和。

尽管当今许多研究都在极力证明学业成绩和运动训练并非一个矛盾体，但效果并不显著。龚海培[1]等人从生理神经、认知功能和健康干预等方面对青少年体育锻炼与文化学习的关系进行研究，认为：第一，在生理神经因素中，通过体育锻炼促进青少年大脑结构、脑功能等适应性变化，从而改善其专注力、

[1] 龚海培，柳鸣毅，等. 体教融合的科学循证：体育锻炼和文化学习的相互关联［J］. 中国体育科技，2020，56（10）：20–21.

注意力、记忆力和执行能力以提高文化学习表现。第二，在认知调节因素中，体育锻炼能够改善儿童青少年的思维、注意、知觉和记忆等认知能力，从而提升其文化学习表现。第三，在社会心理因素方面，体育锻炼对个体的自我概念和自我效能感具有积极效应，能显著改善青少年的身心健康状况，有助于进行自尊、自信和抗挫折能力的人格塑造，为其文化学习提供心理健康保障。第四，在健康干预因素中，科学的体育锻炼已成为以体育干预健康危机的方式及早期破解青少年身体健康问题的有效途径，使其以积极主动的态度参与到文化学习之中，从而高效率地学习。除此之外，龚海培[1]等专家还对文化学习促进青少年体育锻炼的关联因素进行了梳理研究，认为：第一，在促进运动参与因素中，良好的文化学习能够提高儿童青少年对体育锻炼的认知水平与内在参与动机。第二，在提高运动能力因素中，文化学习对提高儿童青少年学习能力、知识储备和认知水平等具有关联影响，系统的文化知识的积累和行为养成有助于提升青少年与身体健康有关的行为塑造和策略选择能力。第三，在促进未来发展因素中，文化学习能够提升青少年体育参与兴趣，逐渐养成长期体育锻炼的习惯，并拓展其身体与运动管理、运动成绩预测等能力。

由此可见，体育锻炼和文化学习之间的关系是相辅相成的，绝非对立的。

要想实现文化学习和体育参与相互促进，首先需要从认知上改变固有观念。第一，需要运动员提高文化素养，改变社会对其的认知，还需要家长和学校改变观念，树立“健康第一”的思想，而不是把体育当作实现功利目标的工具，为孩子营造轻松愉悦的体育参与环境。第二，需要从行动上促进孩子们的体育参与。通过各种途径、利用各种资源，确保运动时间和运动强度。对学校而言，尽可能提供好的资源，鼓励全员参与，让每一个学生都有机会参与到体育锻炼中，享受乐趣。而有天赋和能力的孩子则可以进一步发展，走“提高”之路。对家长来说，需要发挥陪伴的作用，为孩子锻炼提供一切机会，协调学习和体育参与时间。

---

[1] 龚海培，柳鸣毅，等. 体教融合的科学循证：体育锻炼和文化学习的相互关联[J]. 中国体育科技，2020，56（10）：23-25.

第二章 国外学校体育发展的脉络

青少年健康水平的提高离不开学校体育这一主阵地的助力。要想更好地推动学校体育的发展，需要知其过去，明其历史，方能塑之未来。回顾国外学校体育发展的历史，不仅能够系统梳理学校体育发展的基本脉络和历史经验，还可为我国学校体育的改革创新提供更多思路。因此，本章将全面梳理国外学校体育发展的脉络，为我国学校体育未来的发展献言。

一、三大思想解放运动对体育发展的影响

说到现代学校体育的形成和发展，不得不提及14世纪欧洲新兴资产阶级掀起的复兴古希腊、古罗马古典文化的运动。正是在这样的历史背景下，现代学校体育逐渐登上历史的舞台。这场文化运动意在弘扬资产阶级的新思想、新文化，是对封建思想尤其是对极端教会的严厉抨击，是一场彻彻底底的思想解放运动。由文艺复兴、启蒙运动、宗教改革构成的三大思想解放运动彻底改变了人们的思想，也促进了现代学校体育的形成与发展。

（一）文艺复兴与体育的发展

从2世纪开始，基督教会为了更好地维护其对人的思想的统治，提出了“原罪说”，包括肉体在内的诸多事物或行为都被认为是“灵魂的监狱”。鄙视肉体的思想严重限制了体育的发展，体育活动的开展受到前所未有的打击和压制。“禁欲主义”成为思想统治的主流。这种通过摧残身体以完美灵魂的做法，使体育在夹缝中生存。无论是在教会还是民间，各类体育形式受到严重打击，致使人们的健康每况愈下，疾病缠身，并爆发了大规模的传染性疾病，整个社会陷入瘫痪状态。欧洲新兴的资产阶级苦于这种封建思想的摧残，竭力打破“禁欲主义”违反人性的黑暗统治，宣扬“灵肉一致”，解放人的思想，肯定人身体的价值和尊严。对人体的重新认识及对完满身体的追求为现代体育的

发展提供了肥厚的土壤，成为现代体育理念形成的前提条件。

在古希腊，宙斯、普罗米修斯等神话人物的塑造无不体现出人们对身体发展的观念和追求。古希腊的神话传说也充分体现出祭祀、狩猎、战争等对身体素质的要求，只有拥有强壮的身体才能在战争中战胜对手，获得生存。虽然神话中的人物和故事都是人们理想化的结果，但也体现出人对自身自然生存能力的追求，体现出人们对力与美的追求。以苏格拉底、柏拉图、亚里士多德为代表的古希腊体育思想家都十分强调身心发展的重要性，高度重视身体锻炼，提倡通过体育锻炼提高身体素质，净化心灵，并获得道德上的提升。欧洲文艺复兴的倡导者正是看中了古希腊追求的体育理想，开始重新思考和推崇体育在实现人的全面教育中的重要作用，强调身心协调发展，注重身体发展的重要性。在这些思想的指引下，健硕的身体、强壮的体魄成为众人追求的目标，通过体育塑造完美身体成为人追求自身全面发展的重要方式之一。这些新兴的思想观念与人们对生活情趣的追求不谋而合，在一定程度上能够有效满足人们的需求。因此，在良好的思想文化氛围下，身体教育成为全面发展教育的重要内容之一。一些军事训练、民俗娱乐的身体活动手段被逐渐改造为教育手段，开始进行身体活动教育化的尝试和努力。

同一时期古罗马体育的发展与古希腊提倡的思想截然不同。古罗马体育思想具有浓厚的功利主义色彩，他们的主张缺少理想化、感性的一面，更偏重理性、实用性。这也使罗马人希望通过身体或体育的手段达到更加实际的效果，如在战争中获得胜利，在军事扩张中实现目的，主张纯粹的“尚武”精神，在全国实行“全民皆兵”。虽然古罗马的体育思想使人们对体育活动丧失了兴趣和理想化的状态，凸显了世俗化、功利化，但不得不承认的是，古罗马的体育思想也在很大程度上促进了实用体育的发展。

尽管古希腊、古罗马的体育思想大为不同，但无不体现出人们对身体的认知和重视。就是在这样的背景下，基督教会倡导的封建思想被彻底打破，取而代之的是新兴资产阶级提出的对身体教育高度重视的新思想。因此，文艺复兴对于体育的发展及学校体育的产生与发展功不可没。

（二）启蒙运动与体育的发展

文艺复兴之后，18世纪初，法国掀起了一场持续半个世纪的启蒙运动。启蒙运动对体育发展的促进作用是不言而喻的。谈及启蒙运动，不得不提及卢梭。作为法国18世纪的哲学家、教育家及启蒙运动代表人物之一，卢梭十分重视教育在人的发展中的作用。他主张将教育理解为“自然的教育”“人的教育”和“事物的教育”。后两者是在遵循前者的基础上实现三者的协调一致。他认为自然教育思想强调对儿童的教育需顺应自然，顺应人的本性。强调儿童是教育主体，开辟了现代教育理论的先河。1762年出版的《爱弥儿》集中阐述了这一思想。卢梭认为，自然教育的最终目标是“自然人”，自然人并不是退化到原始社会之人，而是生活在社会中的自然人，是身心两健、体脑并用的新人。卢梭自然教育思想的一个必要前提就是改变对儿童的看法。人们既不要把儿童当成待管教的奴仆，也不能把孩子当作缩小的成人，应当把成人看作成人，把孩子看作孩子[1]。

体育作为教育的一部分，也受到了卢梭的高度重视。他认为“体育是一切教育的前提”。体育不仅可以培养人的智力，还可以塑造人的意志和道德。但这种教育必须是以遵循自然为前提，按照儿童成长的阶段性和顺序性有序进行教育，使学生的身心得到自然的发展。卢梭主张的“自然教育主义”对当代的教育领域，甚至是后人产生了深远的影响，从而也成为学校体育思想发展的主流。如美国的伍德和赫塞灵顿就是受到卢梭思想的影响，提出了著名的“新体育”的自然主义体育思想，不断发展，进而形成了一整套“自然体育”的概念、理论和方法，并同欧洲体操改革和奥地利“自然体育”共同构成了19世纪末20世纪初世界体育改革的主流。

自然主义体育思想尊重人的生物性，以人对运动的需求为基础，主张服从自然法则，利用自然条件进行身体锻炼，建立促进人体发育成长的身体锻炼体系，使个性自然而然地得到发展。它还强调体育教育要适应儿童智力和身体发育情况，注意顺应儿童发展的天性，以他们的需要和天性为中心，在自然环境中进行身体教育，从而实现增强体质的目的。并且主张把身体锻炼的概念扩展到日常的运动和劳动中。这种把身体的健全与精神的完善合为一体的观点，体现了体育过程中以促进人的身心和谐发展为本位的思想内涵。在很长一段时间内，自然主义体育思想都是体育教育的指导思想和发展目标。

总的来说，启蒙运动中，众多思想家提出的新思想、新主张奠定了体育这种教育手段发展的基础，也明确了体育发展的方向。体育的地位得到有效的提升，逐渐成为人们生活的重要组成部分，也成为人实现全面发展的重要途径。

[1] 朱永新. 中外教育思想史 [M]. 南京：南京大学出版社，2015：255.

（三）宗教改革与体育的发展

开始于16世纪的宗教改革是以马丁·路德金等人为主要代表掀起的、在基督教内部开展的自上而下的宗教革命，是一次大规模的反封建的社会政治运动。1517年首先在德国兴起，并迅速扩大到整个欧洲。这场革命瓦解了从罗马帝国时期颁布的将基督教定为国教的主张，从天主教内部开始进行改革，使罗马天主教会在欧洲的统治地位受到前所未有的威胁。一股新教力量（新教）发展起来与天主教的旧势力展开斗争，新旧力量为了扩大和巩固自己的影响和势力，都对教育十分重视。

基督教新教教会为了巩固自己的势力，采取多种途径与地方当局合作共同发展教育，并积极在全国设立公办学校，为平民子女提供免费教育。课程内容主要是读、写、算和宗教知识，即“4R教育”，体育和音乐位列其中。以此看出，新教是绝对肯定体育在教育中不可替代的作用的，并希望通过体育达到强健体魄的目的。宗教改革之所以重视体育的教育作用，首先是因为思想认知上的改变。在文艺复兴思潮下，新教重新对神学进行阐述，并对一些重大问题提出新想法，其中也包括灵肉关系问题。灵肉关系问题影响了体育的发展，从最初的“灵肉对立”到“灵肉一致”观点的确定，体现了新兴资产阶级对于身体认知的改变，肉体再也不是灵魂的监狱，人的身体活动被赋予了神性，是神赐予的内容，尊重人的身体即是对神的尊重，而不是污蔑。这一观点的确立深刻影响着人们对身体价值的认知和看法，为体育地位的确立和发展奠定了思想理论基础。

宗教改革也改变了旧势力对体育的看法，变否定为支持，人们的思想观念发生巨大转变。更为重要的是，宗教改革确立了教育在人的全面发展中的作用，推动了中小学教育的发展，同时也肯定了体育的教育作用。自此开始，体育作为一种教育内容在学校开展起来，并由学校扩展至整个社会，在民众中形成了一种积极向上、广泛注重身体健康并积极参与各类体育活动的良好局面。现代学校体育的萌芽和发展就得益于宗教改革带来的这场思想解放运动，也为近代体育三大基石的诞生和发展奠定了基础。旧教为了与新教抗衡，也通过教育来达到他们的政治目的，为此他们还专门制定了《教育法令》，规定了包含体育锻炼在内的学级编制、学校设备、课程内容和教学方法，同时为了进行传教或教学的需要，开始培养教师，逐步确立了学校教育的模式。

在新旧教派抗衡的过程中，宗教改革运动彻底撼动了长期以来天主教会垄断教育的局面，改变了教育的领导权，由天主教会转向国家。新教提倡的

“普及教育、提倡政府办学、改进传统教学法、提出新的教学原则、注意实用课程、运用民族语言教学等”教育改革措施，使教育领域发生了翻天覆地的变化，教育更加地方化、世俗化、方言化。在此基础上，欧洲的国民教育制度逐渐确立。宗教改革时期开始的师资培养等制度及当时出现的近代双轨学制的端倪都对欧洲教育的发展产生了巨大的影响。同时，也不能全盘否定天主教会的做法，耶稣会派虽然反对宗教改革，但他们为了与新教抗衡开展教育改革，尤其是在教学组织和教学方法上的某些独创之处，对当时和后世都产生了较大的影响。

综上所述，欧洲的三大思想解放运动充分地解放了人的思想，改变了旧势力推崇的一些旧思想、旧观念。在复兴积极思想的同时，打破了旧思想的统治，并逐步确立起先进的新思想，尤其是对身体认知的改变，为现代学校体育的发展奠定了牢固的思想理论基础。也正是在这样一个大背景下，现代学校体育逐渐萌芽，并全面发展起来。

二、学校的建立

现代意义上学校的建立是现代学校体育形成过程中极为重大的进步。由意大利人维多里诺创办的“快乐之家”是学校模式的开端，体现了维多里诺希望儿童能够在“快乐之家”快乐生活的理想境界。维多里诺是欧洲第一位人文主义教育家，他受到古希腊思想家亚里士多德“和谐教育”理念的影响，也是卢梭“自然教育思想”的第一个实践者。因此，他认为教育的目的在于培养身体与精神和谐发展的人，具有健康体魄是首要任务，其次才是学识渊博，另外要具有务实、进取、爱国、尊重他人的世俗道德和宗教思想。总的来说，维多里诺旨在培养德智体美及宗教思想全面发展的儿童。从他的主张来看，维多里诺对体育的重视不言而喻。

作为“快乐之家”教学模式重要的学习内容之一，体育得到了前所未有的重视，也成为培养人的重要手段。此外，还逐步建立起各种锻炼身体的制度和方法，强制学生进行各项户外运动，学习保健知识、饮食知识和卫生知识。他要求学生从事多项运动项目，并鼓励学生通过游戏、短途旅行等接受教育。维多里诺的这些教育内容极大增强了学生的身体素质，从而使更多的青少年慕名而来，他也因此远近闻名。“快乐之家”的教学模式成为了当时最为先进、最值得推崇的模式，是对基督教倡导的“禁欲主义”的全面反击。文武兼备的“文雅骑士”成为青少年追捧的新目标，也成为西方主流社会的教育方向，为培养资产阶级新贵确立了一个理想的教育模式。

虽然维多里诺的教育模式还保留有一些旧传统、旧思想，尤其是学校教育的贵族性将普通民众排除在外，学生几乎全是王公贵族及巨商子弟，只有少数是经维多里诺允许收容的贫民天才儿童。但是在体育教育方面，通过体育锻炼反对摧残肉体的做法产生了非常好的效果，也为现代学校体育的发展奠定了基础。

三、学校体育课程的初步形成及课程化

（一）学校体育课程的初步形成

以“快乐之家”为代表的一系列学校建立起来后，体育课程也逐步形成。最早的学校体育课程形式源于由耶稣会编写的《授课规则》。这一规则所采用的学级、学期、分节授课、课间休息制，成为了体育课程的基本形式，为后期体育课程的建立提供了重要的参考。

学校体育真正定型则归功于被尊称为“学校体育之父”的捷克教育家夸美纽斯。“适应自然”是其体育思想的基本原则。他认为“完整的教育应该是能促进人身心和谐发展，健康的身体存在于健康的心理”，这些思想都成为他体育思想的基础。夸美纽斯创办的学校体育课程使学校体育冲破了旧的贵族社会的束缚，尤其是强力反对基督教推崇的“禁欲主义”。他全面论述了教育的价值和意义，尝试进行教育改革，体育也是他改革的内容之一。

夸美纽斯高度认可体育参与的意义，认为人类必须拥有健康的身体。主张儿童、青少年多进行手、足等部位的肌肉训练，但不赞成进行激烈的竞技性的运动项目。夸美纽斯还在他的论著里根据年龄划分了学段，首创班级授课制和课间休息制，体育成为教学的重要组成部分，肯定了体育在社会生活中的独特价值，体育运动成为人们生活的重要组成部分，在很大程度上为学校体育的正式建立提供了范例。同时，这一时期体育逐渐与医学、教育学等学科进行融合，进而更加具有科学性，也为现代体育的产生奠定了基础。

总体来说，虽然夸美纽斯的思想有一定局限性，他的思想中有太多受宗教主义的影响，但不得不承认夸美纽斯的思想又是进步的、先进的，他倡导的身心和谐发展观即和谐自然的体育思想、创建的班级授课制和课间休息对现代学校体育的发展影响深远。

（二）学校体育课程制度化

夸美纽斯的教育模式对于学校体育课程的初步形成具有非常重要的推动作用。而体育课程真正的制度化则是在18～19世纪。在这一时期，无论是体育课程还是体育师资的培养都越来越规范化、系统化，学校体育的影响力也逐步增加。促使体育课程进一步制度化的贡献者不在少数，其中更具影响力的则是巴塞多和他的博爱学校。在学校内，巴塞多创办了德绍五项，首次将体育列为正式的课程在学校内开展，并按照年龄划分组别，采用分组教学的方法进行教学，从而实现了学校体育教学内容的模式化、体系化。最具历史意义的是，博爱学校出现了最早的专门的体育教师，使体育教学更加专业化。

巴塞多的博爱学校由于种种原因没有能够长久经营下去。之后，世界上首位提出复兴古代奥运会建议的教育家古茨穆斯的学校教学模式则取得了巨大的成功。古茨穆斯受到文艺复兴和启蒙运动的影响，他非常认可古奥运会在培养人的过程中的作用，因此在他的著作中和各类实践中都能看到古希腊、古罗马的运动项目和古奥运会中的比赛项目。同时，他认识到体育不仅能够强身健体，还能促进人的心灵健康，让孩子在运动过程中享受快乐，并学会基本的生存技能，培养孩子的个性和意志品质。因此，他认为非常有必要设置体育课程，并让孩子积极地参与其中。正是因为他对现代学校体育发展做出的巨大贡献，而被后人尊称为“近代体育之父”，也被永远载入史册。

古茨穆斯将毕生的精力投入体育教学和研究中。他确立了学校体育课程的主要形式，并将各类体育运动系统化，有的方法甚至沿用至今。他所在的学校十分关注身体教育，并以此为傲。古茨穆斯在校期间，不仅出版了大量的著作（如第一本学校体育的教科书《青少年体操》，也是其中最为著名的一部，在世界各地广泛应用；《游戏能修心健身》一书收集了各类游戏方法，开创了学校体育、体育教育和游戏教学方法的先河），还对教学方法、教学内容、教材颇有研究，构建出一套完整的体育课程体系，为之后学校体育的发展做出了巨大的贡献。他所推崇的这些教学模式及教学内容打破了仅仅局限于贵族阶层的体育教育，在社会上产生了积极的效应，提高了劳动者的身体素质，而且他的教学成果广泛影响了其他国家，成为这些国家争相效仿的对象。正是在这些教育家的努力下，学校体育课程实现了制度化，模式更加固定。

（三）学校体育课程内容体系化

19世纪欧洲的教育改革促使学校体育课程内容体系化。与其说是体育课程内容体系化，不如说是体操内容的体系化。体操能够在欧洲盛行，不得不追溯到古希腊体育对其的影响。由于战争频繁，出于军事需要，体操训练和竞技比赛成为增强身体素质的重要手段，从而盛行一时。到了16世纪，随着文艺复兴的兴起，复兴古希腊体育成为新兴资产阶级推崇新思想的主要手段，体操也成为复兴的内容之一。在巴塞多创办的博爱学校里，体操成为主要的教学内容。古茨穆斯的课程内容对体操更是情有独钟，他把体操看成是提高日耳曼人体力和保持身体健康的最好方式。古茨穆斯之后，更加注重器械练习和军事游戏的杨氏体操在德国兴起。以德式体操为代表的西欧体操和以瑞典体操与丹麦体操为代表的北欧体操共同构成了当时世界体操的两大流派。德式体操强调器械练习和意志力的培养，瑞典体操更加注重保健性、科学性和健身性，而丹麦体操最大的特点在于提高身体的各方面素质，如柔韧性、灵巧性和力量，从而达到改善身体条件的目的。无论是德式体操、瑞典体操还是丹麦体操，都充分证明了体操这项运动对于人的全面发展，尤其是身体素质提高的重要性。另外，在爱国主义、民族主义、意志教育的促使下，形成了具有不同风格特点的体操形式，成为满足国家军事训练、提高国民身体素质等的重要手段。

除了德国、瑞典和丹麦体操，英国也掀起了户外运动的热潮。英国户外运动的产生和发展与英国人对绅士教育和贵族教育的推崇有很大的关系，同时也与工业革命后日益增长的健康娱乐需求有着密切的关系。在这样的社会背景下，英国户外运动兴盛起来。与德国等欧洲国家推行的军国民体操教育不同的是，英国并无为达到军事目的而推行体操的需求，并且英国人不喜欢刻板的体操动作，更青睐于丰富多彩的户外运动，如板球、足球、登山、划船等竞技性强并能全身心接触大自然的运动项目。这也与英国人注重运动的业余性、排斥职业化有很大的关系。他们不希望被刻板、功利的运动形式所限制，并且强调终身体育。正是在这样的思想指导下，英国的学校体育也形成了良好的户外运动氛围。为此，他们修建了大型的运动场馆，组建了运动队伍，开展了热火朝天的业余竞赛。学生们通过身体活动和游戏不仅达到了锻炼身体的效果，学校也达到了教育人的目的，这也迅速发展成为世界范围内普遍流行的运动形式。

德式体操、瑞典体操和英国的户外运动共同构成了近代体育的三大基石，这些身体活动手段逐渐发展成为学校体育教育的主要形式，这种教育方式也越来越受到各界人士的青睐。

尽管这一时期的体育课程内容并不纯粹，带有鲜明的民族主义和军事色彩，但是通过体育这种手段发展和完善身体素质、磨练意志等的做法带有明显的进步性，也在社会上产生了较为积极的影响，从而也促进了体育的社会化。

四、学校体育思想、理论的逐步确立

无论是学校的建立、学校体育课程的初步形成和制度化，还是课程内容的体系化，都是在体育思想和理论的基础上形成的。思想即意识形态，是指导人们进行实践的前提和基础。学校体育发展的整个历程，无不体现出不同思想家的观点。正是由于不同的思想碰撞和创新，才为学校体育的发展指明了方向。下面细数对现代学校体育形成并产生深远影响的几位思想家、教育家。

（一）洛克与绅士主义体育思想

作为西方教育史上首位提出“三育并重，体育为先”的教育家，英国教育家洛克的绅士体育思想奠定了现代教育理论体系的基础。洛克认为只有拥有健康的身体才能成为既会谋取个人幸福又能为国家尽责的绅士。因此，他的绅士体育思想十分重视体育的教育地位。绅士教育对绅士的定位和应有品质的培养为体育的发展提供了肥厚的土壤。

在强化德智体全方位发展的教育思想中，体育得到了前所未有的重视。体育成为培养完美绅士的重要手段。如若希望成为合格的绅士，首先需要具备健康的身体。因此，在绅士培养的过程中，通过游泳、划船、骑马、击剑等运动项目的历练，从而获得勇敢顽强、不屈不挠的品格和德行。这种利用体育培养人的方式，一方面肯定了体育的价值，更重要的是这种培养人的模式成为学校体育发展的重要范式。虽然绅士教育的初衷在于功利，但也在一定程度上反映了当时资产阶级的时代精神，体育成为绅士服务国家和实现个人利益的重要手段。

（二）卢梭的“自然体育观”

最初，卢梭受到夸美纽斯思想的影响，后来，在洛克的影响下，卢梭逐渐接受了洛克的主体思想，并在此基础上提出了“自然思想”。这一思想其实有多层含义，第一，这里的自然是希望儿童能够回归大自然，享受大自然带给他们的无可替代的快乐。第二，卢梭还强调儿童教育要顺应其天性，尊重其个性，让儿童能够在体育参与中释放天性，享受身体及精神等方面的自由。第三，卢梭的自然思想特指人的本能和欲望。在儿童的教育过程中，不要过多地掺杂其他方面的内容，以免影响人的本能，而过多地追求功利性的事物，忘记最初的动机。第四，这里的自然还指鼓励儿童接受乡村的教育，而非经过加工的城市贵族式的教育，因为乡村教育更加的纯粹、纯净。第五，卢梭还主张要尊重儿童青少年成长的自然规律，绝不能进行冒进教育。儿童在每一个年龄阶段都有其成长特点，因此应该尊重他们的成长规律，有的放矢地进行教育。

综上所述，卢梭的自然教育理论有着多层含义，不能简单地将“自然”理解为大自然。正是因为对自然的丰富解读，使得体育教育与此不谋而合。卢梭肯定了体育在其主张的自然本能教育中的首要地位，非常重视“身体先于精神发展”的体育观。注重按照儿童身心发展规律、生理心理特点等进行体育教育，旨在通过体育教育使受教育者的身体获得自然发展。身体的自然发展必然能够促进孩子理性的发展、智慧的发展及心灵的发展。因此，应当鼓励孩子到大自然中进行充分的锻炼，无论严寒酷暑，还是风雨雪霜，孩子们需要去释放自己的天性，去经历各种磨难，从而获得身心的成长。

在当时的社会背景下，卢梭的自然体育观是进步的，是符合历史发展潮流的。他首次非常明晰地将体育列入教育的范畴，承认体育的教育功能，并提出了体育优于智育和德育的观点。在这一思想的指导下，学生按照自然的年龄被分为不同的学段，并结合其发展的规律分门别类地进行教育。相比于夸美纽斯、洛克等人的思想，卢梭的自然体育观更加完善，更加系统，不仅对法国的儿童体育教育产生重要的影响，也对欧洲乃至全世界的教育思想产生了极大的影响，尤其是对中国学校体育的发展产生了巨大的影响。同时，我们也要明确，卢梭的思想又有其片面性，尤其是他忽略了12岁之前儿童进行智力教育的重要性。

（三）裴斯泰洛奇与和谐体育思想

瑞士教育家约翰·亨里希·裴斯泰洛奇是继卢梭之后的又一位著名的教育家、教育改革家。受启蒙思想的影响，在学习了康德、夸美纽斯和卢梭等人的教育思想后，裴斯泰洛奇意识到瑞士教育的弊端，他立志进行教育改革。从自然主义的立场出发，裴斯泰洛奇建立了和谐发展的课程体系，体育在这一体系中具有不可替代的作用。通过体育教育，裴斯泰洛奇注重培养完整的人格，重视体育的德育和智育价值，奠定了体育在现代教育中不可撼动的地位。裴斯泰洛奇主张的全面、和谐的教育，旨在把儿童培养成体格健壮、道德完善、具备实际能力、能独立思考的人。

裴斯泰洛奇首先倡导德智体的和谐发展，而且是均衡发展。其中，体育需要通过各种体育教学与训练强健体魄，并且需与智力共同发展。这种智育和体育并重的体育观与卢梭的体育思想有着明显的区别，是进步的。同时，在体育教学中，裴斯泰洛奇提出关节要素的观点。他认为体育学习要从认识关节运动开始，先学习简单的基本的运动动作，并逐步由易到难，发展更为复杂的技术动作，在不断的练习中使感觉训练、思维训练协调发展。他主张通过手抓、脚蹬、走动、伸举等简单的关节活动来发展儿童的体力。

其次，裴斯泰洛奇强调体育要与生产劳动结合，他也是西方教育史上第一位将“教育与生产劳动相结合”这一思想付诸实践的教育家。在劳动教育普遍未得到重视的情况下，裴斯泰洛奇能够将劳动教育与德育、智育、体育结合起来。不得不说，这是一个非常大的进步，也体现了其教育思想的超前性和先进性。他认为体育应当成为劳动教育最基本和初步的阶段，劳动本身就是一种体力活动。所以，他根据实际劳动技能需要，专门制定出一套简单的、与关节运动有关的劳动技能动作供儿童学习，在提高劳动技能的同时也提高了其体力水平。

另外，裴斯泰洛奇提出体育教育的内容必须符合儿童的心理发展特点。从心理学的角度展开体育教育，裴斯泰洛奇是这一思想的提出者，也是践行者。他第一次把教育建立在心理学的基础上，提出“教育心理学化”这一伟大理论，使教育与心理学紧密地结合在一起，对后世的教育和教学产生了深远的影响，这也是他对人类教育最重要的贡献之一。他深刻领悟到经院主义和封建专制教育对儿童本性的泯灭，是一种彻底的灌输式教育，必须加以改正并遵循儿童心理发展的特点进行教学。与卢梭主张的尊重儿童本性的思想一样，裴斯泰洛奇也极力主张基于孩子的天性进行教育。儿童对体力活动或游戏与生俱来就有一定的兴趣。因此，应当在体育教学过程中有组织地进行游戏活动，让孩子动起来。同时，裴斯泰洛奇不主张过早地进行专业的训练，而是应从简单的体力活动开始，避免过早地从事专门的体育训练而造成身体发展畸形。除了要尊重儿童的心理特点，裴斯泰洛奇还主张体育教育要循序渐进，这一主张在他的关节要素说当中表现得较为明显。

从历史的角度来看，裴斯泰洛奇和谐全面发展的体育观有其先进性和进步性，同时也有局限性。他强调了健康的重要性，特别重视儿童的早期教育，提出了德智体全面和谐发展的主张，这无疑是素质教育的表现。最具特色的是，他还把爱的教育融入体育教育中，鼓励教师对学生充满爱，也要培养学生的爱心，将爱传递下去。局限性方面，裴斯泰洛奇把体育视为劳动教育的初级阶段，在一定程度上混淆了体育教育和劳动教育。综上所述，裴斯泰洛奇对体育的关注和重视，促进了当时学校体育的发展，也深刻影响着世界及后继者们。

（四）斯宾塞的功利主义体育观

赫伯特·斯宾塞是英国近代自然科学教育运动的倡导者。他主要的教育观点大多体现在《教育——智育、德育和体育》(后改名为《教育学论》)一书中。他主张“教育的目的应切合实际需要，从多方面为人的物质与精神生活做准备”,认为“为我们的完满生活做准备是教育应尽的职责”。他把“完满生活”分为直接保全自己（要求了解生理学、解剖学及卫生学）、间接保全自己、抚养子女（要求研究生理学、心理学和教育学，以便正确地对儿童进行体育、智育和德育）、参加社会政治生活和进行休闲娱乐五种活动。体育活动分布于直接保全自己、抚养子女及休闲娱乐活动等部分中，同时也为塑造完满生活奠定了基础。

在体育方面，斯宾塞十分重视让儿童进行自然的身体锻炼，注意食物的足量与营养、衣服的保暖与结实等。从斯宾塞的教育理论中不难发现，体育教育是其整个教育观非常重要的组成部分，是与智育和德育平起平坐、不分主次的重要教育手段。在教学方法上，斯宾塞反对当时学校中流行的形式主义、经院主义，主张把教学建立在学生的自主性上，强调兴趣在教学过程中的作用，应该引导儿童自己进行探讨，自己来推论。总而言之，斯宾塞提倡自主教育，反对灌输式教育；提倡快乐和兴趣教育，反对无视学生身心发展规律的教育方式。

不可否认的是，他的教育主张具有一定的功利性，但他主张的功利主义体育观肯定了体育科学教育的重要性。体育教育是人实现完满人生的首要手段，是人们在激烈竞争中生存的前提。人们必须通过体育这一特殊手段接受必要的教育，并掌握相关的理论知识。他的这一思想既是对前人思想的继承，也对后世思想的产生和发展产生了巨大的影响。

仔细分析以上几位著名的教育家的体育思想，以及结合当前学校体育发展的现状，不得不感叹他们教育思想和主张的先进性和人文性。在19世纪，他们已经深刻领悟到体育在教育中的重要作用，并努力扫除一切障碍，足见这些教育家们的行动力和魄力。也正因为如此，他们的思想才会对世界产生深远的影响。然而，当前我们的经济环境和物质基础都达到了前所未有的高度，但是体育在我国的地位却很低。现代人对体育的认知及对体育教育功能的理解，竟不如19世纪的前人。尤其是卢梭等人倡导的自然主义的体育教育思想非常适用于当前我国的学校体育。孩子们被禁锢在教室里埋头学习，接触大自然的机会越来越少。环境的污染、生态的破坏也剥夺了孩子充分享受大自然带给人类的乐趣，这也是自然体育思想最基础的主张。除此之外，当今的体育教育也严重违背了孩子们的天性和成长的规律及他们的需求，体育教育过程并没有体现过程性、衔接性，也缺失了挑战性。成年人的过多干预及功利性目标的侵扰，使得当今的学校体育教育丧失了自然主义，人为的干预导致当前我国体育教育困难重重，青少年体质严重下降。通过对这些教育家体育教育思想的学习，希望现代人能够警醒，给青少年们轻松的锻炼环境，抛开过多的成人干预和功利目的，让孩子们能够在带有童趣、乐趣的活动中锻炼自我，养成锻炼的习惯，习得各种意志品质。这才是体育教育应有的样子。

这些思想代表了当时学校体育发展的趋势。尽管这一阶段的学校体育思想带有过多的功利性或政治性，但对于推动学校体育的发展具有非常重要的意义。就是这些思想的指导下，学校体育一步步前行，并逐步建立起发展的模式和制度。

五、学校体育制度的建立

制度的建立对于国家治理和改革发展必不可少。在社会科学领域，制度泛指规则或运作模式，是规范个体、群体的行动的一种社会结构。制度的存在体现了制定者或是主流人群的价值判断，并依此规范、影响建制内人们的行为。在管理学中，为了维护正常的工作、学习、生活的秩序，国家机关、社会团体、企事业单位会指定不同类型的制度以保证国家各项政策的顺利执行和各项工作的正常开展。这些制度通常是以法律、法令、政策等具有法规性或指导性与约束力的应用文的形式，来约束管理范围内人群的行为，是各种行政法规、章程、制度、公约的总称。所以，从对制度概念的阐述中可以明确，一个国家如若要保障一项改革顺利开展，并按照规定的构想顺利执行，制定严格的制度确保其执行力是极为重要的，也是改革成功的首要条件。无论在哪个国家，学校体育改革实际上是在国家制定的一系列制度的保障下，树立体育教育的地位的过程。通过制度的建立，首先从认知上确立体育教育在教育人成为全面发展的人的过程中的重要性，进而端正其态度，约束其行为。

19世纪，欧洲各国争相开展教育改革。一系列教育改革的推行也是在各项制度的不断建立下有序推进的。总的来说，欧洲学校体育的制度化主要是通过政府、教会、团体组织等主体颁布的命令、法律、条例、规章等形式将其固定下来，并强制要求学校及其人员无条件地服从的过程。各个国家普遍通过制定严厉的学校体育制度，确保提高学校及相关者对体育课的重视程度，规定必须将体育活动列为正式课程，并在时间上要求开齐体育课，竭尽全力配备各类体育器材、场地，尤其是培养专业体育教师，为体育课的开展提供保障。以法律等形式确定下来的学校体育制度确保了学校体育的有力执行，真正实现了有法可依，也进一步推动了学校体育发展的规范性、统一性及普及性。

由于学校体育制度的确立，各个国家开始认识到体育教育的重要性，也充分认识到体育在培养社会需要的人才方面的不可或缺性。城市规模的日益扩大，尤其是资本主义的扩张，使教育不再是教会的权利，教育的国家性日益凸显。为此，体育也随之确定了其在学校教育中的地位，学校体育的发展真正进入了快车道。

六、体育师资的专门培养

教师是知识技能的传授者，是教育的实施者、组织者和管理者，在整个教育的过程中起到至关重要的作用。对学校体育而言，专业的、合格的体育教师是学校体育开展的主力军和主导者。当然，以上关于教师作用和地位的描述都是当今我们对教师的认知。在早期，教师的产生是出于人们的需求，认为有必要让专门的人来管理或教授一定的知识技能，以便学生们能够高效地掌握知识。如早期的巴塞多博爱学校，在这所学校里已经初见专业体育教师的身影，但在培养上缺乏系统性、科学性。无论是教师本身的技能水平，还是所采用的教学方法、内容等都存在严重的不足。甚至可以说，当时的体育教师就是孩子的看管者，并不能完全胜任现代意义上的体育教学。但不得不承认的是，巴塞多博爱学校开启了体育教师培养的先河，在不断的实践探索中，这些体育教师逐渐成熟。直到19世纪前期，欧洲国家出现了培养体操教师的专门学校。自此，体育教师的培养真正实现了专门化。相比之下，美国在体育教师的培养方面更胜一筹，不仅有专门的体育教师培训学校，还启用各类社会组织、社会力量辅助培养或承担起体育教学的任务，发挥公立、私立学校的双重作用，极大满足了社会对于体育教师的需求。由于早期经验缺乏，体育教师的培养还存在诸多问题，机制也不够健全，存在随意性等特点，培训课程也不够科学系统，尤其是培训时间长短不一。尽管如此，体育教师的培养就在各种尝试中逐步走向正规、系统，也为学校体育的发展源源不断地提供人才，为提高国民的身体素质贡献力量。

总之，当人类社会发展到一定历史阶段，旧的思想已经严重阻碍社会的发展，必然会被先进的思想所代替。在三大思想解放运动中，人们对身体有了全新的认知，也明确了身体教育的重要意义，现代学校体育应运而生。尽管最初的学校体育存在诸多的局限性和阶级性，但在仁人志士的努力下，学校体育课程制度化、内容体系化，而且萌生了各种学校体育思想，在这些先进的学校体育思想的指导和引领下，学校体育发展更加迅速。尤其是学校体育制度确立下来后，学校体育的发展真正步入正轨。日益规范、专业的学校体育发展模式被传播到世界各地，对世界各国学校体育的发展产生了深远影响，这其中也包括中国。

纵观国外学校体育发展的脉络，我们亦可获得诸多启示。我国学校体育的改革首先应从思想认识的转变上做起，只有思想的解放和认知的改变，方能着力推进改革之举，实现改革之功效。从维多里诺的“快乐之家”，我们也可以审视当下我国学校体育发展的状况，对于学校体育，我们应该让“快乐”回归。但是这种快乐并不是无原则的“快乐”，应在快乐中学习到应有的体育技能。另外，我们应深入研究卢梭等人的主张、思想，将其融入学校体育制度中，更加尊重体育的价值和地位，更加注重学生的体育教育。

第三章　中国学校体育发展的脉络

一、中国近代学校体育的发展

一般学者们认为中国近代史为从1840年鸦片战争到1949年中华人民共和国成立这段时期的历史，包含清朝晚期、中华民国临时政府时期、北洋军阀时期和国民政府时期。经历了两次鸦片战争及中法战争、中日战争、八国联军侵华战争、日本侵华战争，同时为了反侵略和反封建，国人也发起了太平天国运动、义和团运动、洋务运动、戊戌变法、辛亥革命、五四运动等，形成了内外两条主线。

正是在这样的历史背景下，学校体育也经历了各种风雨，不断克服重重困难，艰难地生存和发展。中国近代体育的发展是西方体育文化向中国传播的过程，也是中国不断吸收西方体育文明成果的过程。在中国近代学校体育演变进程中，许多历史人物起到了一定作用。这些人物大致可以分为外国人（如外国传教士、商人等）和中国人（如出国留学生、华侨等）两类[1]。正是因为背负着“东亚病夫”的辱名，国人立志希望实现教育救国的目标。在这些人的努力下，中国近代学校在争论和矛盾中不断前行。

（一）1840—1903年学校体育的初步发展时期

1. 洋务运动“兴学堂”促进了学校体育的兴起与发展

1840年，鸦片战争使中国变为半殖民地半封建社会。在侵略的过程中，文化入侵也十分严重，中国传统的体育活动形式受到前所未有的冲击。一方面，传统体育竭力维护自身的存在，另一方面，西方体育急需寻找适合其发展的土

[1] 张宝强. 体育专业留学生与中国近代学校体育发展研究［J］. 南京体育学院学报：自然科学版，2013，12（5）：134.

壤，力求生根发芽。在有限的空间里，中西体育共同存在。然而，时间和实践都充分证明了中国传统体育形式的弊端。尤其是随着传统生产方式的改变，中国传统的、民间的体育形式已经远远不能满足人们的需求，这也为西方体育在中国的传播奠定了基础。19世纪60年代，在内忧外患中，曾国藩、左宗棠、李鸿章、张之洞等人领衔的洋务派开展了一场学习西方的运动，称为“洋务运动”。在教育上主要表现为开办新式学堂，派遣留学生出国学习。总体来说，洋务运动通过“引进来”和“派出去”两种途径学习西方的技艺，希望做到“师夷长技以制夷”。

首先是“引进来”。中国近代学校体育的发展不得不提及洋务运动时期兴办的各类以培养军事人才为主的新式学堂。在这些学堂里，他们首先废除了传统骑射、弓、刀等武术技艺，聘请西方教官教练操作洋枪、洋炮，操练洋操。引进了当时最为先进的英国兵操，进行队列、跑步、跳跃等步兵战术动作。

其次是“派出去”。当时的清政府极力派遣留学生前往发达国家学习技艺。20世纪初开始出现专业的体育留学生，清末主要是留日，观察团赴日学习日本先进的教学理念和做法。民国时期主要前往美国、德国。在德国，他们积极学习德国的兵操训练方法，回国后担任教官，教授学堂内人员习练。

“引进来”和“派出去”两种途径在一定程度上促进了这一时期学校体育的发展。尤其是选派留学生出国学习，这一做法极大地促进了中国体育的发展。这些留学生在外学习期间，被国外体育形式吸引，积极参与其中。回国后，他们进行大力推广，间接地促进了西方体育在中国的发展。闻名于世的“东方棒球队”，被称为近代最早的体育外交的“梁诚外交”等都是与体育有关的历史事件。

清政府不仅选派军官留学求取先进之法，还派遣大量幼童前往美国等国家。很快，这些被派遣出去的幼童们学会了如棒球等运动项目，他们学成回国后也极大地促进了中国体育的发展。总的来说，留学生对中国近代学校体育发展的贡献主要体现在先进思想的传播、技艺的传播、教学方法的改革、体育教师的培养，以及学校体育管理制度的引进等方面。

这些学堂的兴建开创了中国教育的先河，也打开了中国向西方学习的大门，是中国首次主动地、有意识地引进西方的技艺。体育作为“西艺”在这些学校中开课，体育课的内容也比较丰富，涉及击剑、足球、游泳等项目，德国操和军操是体操学习的主要内容。

由于洋务运动推崇的是“师夷长技以制夷”，通过选派留学生或由外国人担任教练进行体育教学，在一定程度上加速了西方体育在中国的传播，也对中国传统的体育形式造成了冲击。然而，我国只是简单地效仿西方的体育形式，缺乏思想、理论及制度的学习，体育的发展非常片面，也未能实现大范围的传播，只在新军或学堂内开设，并未对学校体育的发展产生实质性的影响。

2. 戊戌变法时期军国民学校体育的发展

甲午战争失败后，清政府被迫签订了丧权辱国的《马关条约》，激起了国人的愤怒和不满，尤其是对清政府腐朽统治的不满，同时也宣告了洋务运动的失败。虽然洋务运动失败了，但是更加坚定了国人改革的决心。知识分子们认为落后在于制度，学习西方不仅要学其形，更要学其本。因此，当他们看到日本因为明治维新走上了资本主义道路并取得快速发展时，便主张以日本为学习的对象，通过变法来拯救国家。在这样的历史背景下，1898年，康有为、梁启超、谭嗣同等维新派的仁人志士掀起了一场全国性的改良运动。他们通过废八股、兴西学、创办京师大学堂、设立译书局及派遣留学生等来学习西方先进的政治制度，并在文化、教育、经济、军事、社会等方面进行改革。然而，戊戌变法在103天后宣告失败，但是它作为一场思想解放运动，在一定程度上产生了广泛的影响。

戊戌变法虽然是一场政治运动，但在教育思想上的主张同样有效促进了学校体育的发展。这一时期，中国近代学校体育受日本的影响颇深，旨在模仿日本学校体育发展的模式，如课程内容、课时安排、场地设施的要求、课余体育竞赛活动及体育专门学校的建立等。尤其是他们主张在兴建的学堂内建立起一套完整的学校教育制度，确立了体育在整个教育体系中的重要地位和作用。除此之外，他们在学校体育方面提出的“三育并重”“尚武精神”“重视女子体育”等主张具有良好的社会影响。首先，“德智体三育并重”是将“人”视为改造社会的关键，是对“人”的关注，是出于培养人才的考虑[1]。这在当时是十分先进性的。为了实现德智体三育并重，康有为主张要根据学生的年龄特点安排不同的体育内容。严复则通过翻译外文学习欧美等国增强国人体质之法，在国内大力宣传西法。其次，梁启超倡导的“尚武精神”主张除体操外，击剑、蹴鞠、角抵等也应受到重视和鼓励，从而实现强种强国。梁启超、严复等人主张要十分重视儿童、妇女体育的发展。在当时的社会中，这一主张绝对是极为先进的，极大地推动了学校体育中女子体育的发展。这些先进知识分子的思想主张促进了国人意识的觉醒，也使军国民教育思想迅速成为学校体育的主

[1] 刘欣. 中国近代学校体育发展研究[D]. 天津：天津大学，2017：54.

导思想，而这一思想一直持续到1919年“五四运动”时期。

军国民教育思想实际上源于日本，就是将体育作为服务军事的重要手段，使体育承担起更多的政治和军事责任，而不只是单纯的增强身体素质的手段。甲午战争失败后，许多仁人志士在思考战败的主要原因，他们认为日本之所以能够胜利在于其教育制度的先进性。因此，之后我国国内掀起了一场留日的风潮，大批留学生选择前往日本学习。日本的教育模式，包括体育教育模式对中国学校体育的发展产生了巨大的影响。在这样的思想下，也促进了后来兵式体操的发展。

戊戌变法虽然最后以失败告终，但是这场运动对于国人思想的解放具有非常重要的意义，是一场名副其实的思想启蒙运动。尤其是他们的教育主张，对体育的重视，在很大程度上促进了学校体育的发展。比较完善的教育制度、教育模式在学校内建立起来，体育在学校的地位确立起来，体育在整个教育体系内承担的责任确立下来。之后体育承担起服务军事的重担，并在很长一段时间内影响着学校体育的发展方向，直到兵式体操废除。

3. 教会学校的建立加速了中国学校体育的现代化

“派出去”“引进来”等手段是我国仁人志士力图改变国家的尝试，但是在发展的过程中还隐藏着一条主线，即西方列强在我国悄无声息的渗透。教会在学校体育发展过程中发挥的作用绝不可低估。

1807年到澳门再至广州，传教士陆续登陆中国，在中国大地上开始他们传教运动的探索路程[1]。19世纪末20世纪初，教会在我国兴办了大量的教会学校。这些教会学校建立的目的主要是扩大基督教在中国的传播。教会学校是西方文化在我国传播的重要窗口。虽然对我国的传统文化产生了冲击，但在一定程度上促进了我国学校体育的现代化。

早期的教会学校在我国的发展比较缓慢，但是领域涉及学前教育、小学教育、中等教育和高等教育，在我国教育体系之外构建了一套新的教育体系，尤其是将西方的课程和教学方法引进中国。重视体育是教会学校的普遍特征。体操作为主要的教学内容在各个学校开设，而且新的教学方法、课程还引入中国的官办学堂，在当时曾获得蔡元培等人的认可，还间接促进了上海圣约翰大学、北京燕京大学等著名院校的建立。在这些教会学校中，田径、球类等各个项目得以开展，并成立了运动队，组织参与校内、校外各类竞赛活动。调动了

[1] 沈丽玲. 教会学校体育对中国近代学校体育发展的影响[J]. 体育科学研究，2013，17（6）：82.

学生参与体育运动的积极性，同时也促进了学校体育的发展。

教会学校能迅速在我国兴盛起来主要是因为实行了学校竞赛的模式，各种级别校内和校际运动会的举办极大地调动了参与者的积极性。尤其是全国性的运动会更是扩大了教会学校的社会影响力，也使得西方的竞技运动项目受到国人的喜爱。

除此之外，教会学校的影响还延伸到更广泛的领域。他们培养的学生在毕业后继续发挥作用，成为官办学校的中坚力量，培养出越来越多的专业教师，而这些教师又进入不同的学校。教会学校还成立了诸多学校体育组织，如学校青年会，负责学校体育赛事和课外体育的开展，极大地丰富了学生的业余生活，增强了学生的体魄。最值得一提的是，教会学校还推动了女子体育的发展。通过成立专门的女子学校，女子获得接受教育的权利。在这些女子学校中，体育课是必备课程，涉及的运动项目也由早期简单的身体活动扩展到田径、球类、游泳等运动项目。

总之，虽然教会学校是西方侵蚀我国的重要手段，带有浓重的政治色彩，但也在很大程度上促进了学校体育的现代化。不得不承认的是，与西方体育发展模式相比，我国传统体育不能有效适应学校体育发展的步伐，这也是为什么教会学校能在中国长期存在并产生较大影响。

（二）1904—1911年学校体育框架的形成

1. 新政实施对学校体育发展的影响

1900年八国联军侵华，丧权辱国的《辛丑条约》更加速了西方列强对中国的瓜分。为了维护统治，清政府于1901年实施新政。新政涉及的教育改革主要包括废除科举制、兴办学校、设立学部等。在张之洞等人的支持和努力下，各类新式公立学堂、私立学堂和民办学堂纷纷建立起来，使人们对西方的教育模式更加认可，许多“洋人”或“洋学生”纷纷进入这些刚刚建立的新式学校。体育作为教育的一个组成部分也逐渐发展起来。

2.《奏定学堂章程》的颁布确立了中国学校体育的框架

随着清末新政的实施，1904年，清政府批准了由张之洞、张百熙起草的《奏定学堂章程》，这一章程系统规划了从小学到中学的整体的教育制度，确立了中国现代学制的基本框架，是第一个得到执行的系统的教育制度，从而结束了中国几千年来教育无章程、学校无体系的状态。章程规定学生需要学习八个科目，分别是修身、读经讲经、中国文字、算数、历史、地理、格致、体操。至此，“体操课”正式引入我国学校教育体系。这一制度一直沿用到1911年清朝覆灭。

这一时期，《奏定学堂章程》规定的教学制度多是参照日本的学制。内容主要涉及教育总要、课程内容与课时，以及场地设施的要求等。在学校推行的体操，主要以德国体操和瑞典体操为主，教师由士兵担任，缺乏专门的体育教师。《奏定学堂章程》以“兵式体操为主”的发展思路并未获得良好的教学效果，但将体操列为各级各类学堂必修科目在一定程度上促进了学校体育的发展，拉开了学校体育发展的序幕。

1905年，学部的建立，科举制的废除，更是加快了学校体育发展的步伐，不仅学生人数增长较快，教学规模及各类需求也随之飞速增长。为此，专门培养体育教师的各类体育师资培训机构纷纷建立。张之洞曾感叹到：“设学堂之难有两事：一延师，一筹款，而延师尤难。”[1]早期主要是通过聘请日本体育教育教习来华授课，这种形式由早期的私人行为逐渐演变成一种政府行为。这些日本教师带来了日本体育课堂教学的范式与口令；丰富了中国体操课程的教学内容，既有兵式操，也有柔软操，还有各种赛跑活动；传授了有关女子体育的教学经验[1]。后期随着人员的增长，仅仅聘请体育教育教习已经不能满足社会对教师的需求。所以，我国掀起了兴办体育师资培训机构的热潮。这类培训机构大多由留日人员回国兴办，办学理念和思路受到日本极大的影响。最值得一提的是，女子体育教育受到了前所未有的重视，一批批女教师被培养出来奔赴体育教师的岗位。

除了不断满足因规模突增导致的对体育教师的需求，体育理论的缺乏也在很大程度上限制了学校体育的专业化和规范化发展。因此，许多仁人志士结合现有资源和特长，编辑出版了适合普通学校的体育教材。这些教材的诞生虽然在一定程度上填补了体育教学的理论空白，但大多是根据日本的教材编写或翻译的，未能结合我国当时的实际情况。同时，一些与学校体育相关的汉语专业词汇、体育教学理论术语（如课本、讲义等）、教学操作术语（如示范、出勤、见习等）、体育教学器材与内容术语（如单杠、双杠等）、体育教学卫生术语（如体重、胸围等）被创造出来，并在全国范围内进行推广。

[1] 周亚婷，王峰. 清末赴日教育考察对中国近代学校体育发展的影响 [J]. 中国体育科技，2017，53（2）：111.

不管怎样，制度的设立、机构的建立、大量专业人才的培养、理论的进一步研究，以及体育竞赛的开展都为学校体育的发展提供了保障，铺平了发展的道路。尽管这一时期学校体育还不成熟，大多是借鉴日本的发展模式，但为体操事业的发展做出了不可磨灭的贡献，得到了北洋政府的支持和表彰，并最终完成了晚清政府办学中学校体育从“无”到“有”的历史过程。

3. 女子学校体育的发展标志着女子独立意识的初步觉醒

受封建统治的影响，男尊女卑的思想根深蒂固，这种思想在教育上表现得尤为突出。成立的学堂内是没有女学生的，女子教育被排除在整个教育体系外。

女子独立意识的初步觉醒可以追溯到教会学校在我国的建立。由西方传教士建立的教会学校是非常鼓励和支持女子参与体育的，虽然参与形式和运动项目受缠足的影响仅限于一些简单的运动，但也在一定程度上标志着女子地位的提升。后来，在维新派的主张下，女子体育得到进一步的发展。一批女子学校建立起来。在创办的女子学校中，严禁缠足，并将体操设置为正课。甚至出现了由女子执掌的学校，女子负责学校的管理。这绝对是对封建统治的挑战，女子独立意识不断增强。1904年由袁世凯下令开办的北洋公立女学堂就是典型的代表。在这些女子学校，女子不仅参与一般形式的队列练习，还参与到篮球、排球等运动项目的练习中，所有的体育课是面向全城开放的，在社会上引起了较大的轰动。不得不提及的是，这些女子学校还开展了兵式体操，由女教师进行教学。

《奏定学堂章程》的颁布实施在推动中国近代学校体育的发展方面有很大作用，但是里面并没有提及女子教育。看到女子体育在日本的发展，清政府在1907年又颁布了《奏定女子小学堂章程》和《奏定女子师范学堂章程》，其中均将“体操”列为必修课程之一[1]。体育课教学形式是以适宜的游戏和音乐结合为主，并且强调纪律性，不能放纵学生的行为。

女子学校体育的发展离不开教会学校的作用和西方先进思想的引入。从最初的形式简单的模仿和参与到形成制度的保障，确保了女子能够跟男子一样接受同等的教育，形成了相对完整的女子体育教育体系，教学内容越来越丰富，让她们也可以形成良好的健身习惯。女子学校体育的发展是对封建制度权威和陋习的挑战，塑造出了女性的新形象、新特征。

[1] 周亚婷，王峰. 清末赴日教育考察对中国近代学校体育发展的影响［J］. 中国体育科技，2017，53（2）：110.

（三）1912—1921年学校体育的发展

1911年，由孙中山领导的辛亥革命推翻了几千年的君主专制制度。1912年1月1日，中华民国临时政府正式成立。作为近代中国比较完全意义上的民族民主革命，辛亥革命解放了国人的思想，此时也更需要建立起更加适合的教育制度以满足社会发展的需求。1912年7月，蔡元培在北京主持召开了全国临时教育会议，强调政体既已革新，教育也应随之改革[1]，随后着手建立学校系统，制定了一系列教育法令，拉开了近代学校教育发展的新序幕。

1.《壬子癸丑学制》拉开了学校体育双轨制教学的序幕

1912年，孙中山在南京成立中华民国临时政府。以孙中山为代表的领导人都普遍接受过西方教育，他们受到西方先进思想的影响，着力建立一套先进的教育制度。为此，专门设立了教育部，取代清朝时期的学部，由蔡元培任教育总长，“学堂”改为“学校”。1912年，在时任教育总长蔡元培的助推下，首先，废除了以“忠君”“尊孔”为核心的封建教育内容，实行了符合资产阶级利益的新的教育宗旨，更加注重道德教育，以实力教育、军国民教育辅之，更以美感教育完成其道德培养[2]。其次，颁布了《壬子癸丑学制》。这一学制强制要求各级各类学校开设体操科，并详细规定了各年级体操课的学时、教学内容，鼓励利用课余时间进行户外活动。然而，该阶段的学校体育具有浓厚的军国民思想，兵式体操仍然占据绝对地位。尤其是当时的政府官员认为中小学的体育教育理所应当服务于战争，培养战争需要的人才，而不是为了发展体育教学或为了学生发展本身。从现代的视角来看，这一时期以军国民教育为主的兵式体操教育确实有些荒唐，但在战乱的年代，体育教育成为实现统治者政治目的的工具似乎又是合情合理的。

教会学校各类体育活动和竞赛如火如荼地开展，在社会上产生了良好的影响。为此，1915年，教育部颁布的《教育宗旨》强调鼓励学生参与除正课外的课外体育活动和竞赛。各类运动队、竞赛活动在公立学校也随即开展起来。这样就形成了以兵式体操为主的体育课和以丰富多彩的运动项目为主要内容的课外体育活动并存的局面。这种双轨发展模式的产生有其历史的必然性，也充分

[1] 刘欣. 中国近代学校体育发展研究［D］. 天津：天津大学，2017：63.

[2] 刘欣. 中国近代学校体育发展研究［D］. 天津：天津大学，2017：63-64.

体现了现代体育形式与传统体育形式斗争的过程。从无到有，从有到无，以兵式体操为主的体育越来越不适应社会的需求，从而不得不退出历史舞台。

2. 传统体育形式的复兴与发展

西方体育形式的引入严重打压了我国传统体育的发展，仅有为数不多的学校将传统的技艺作为教学内容，绝大多数学校体育教学的内容是西方体育。但是，中华民国建立以后，这一现象发生了根本的变化。中华民国的建立并没有使国家走向安定与强大，整个国家仍处于内忧外患的境地。人们想走体育救国的道路，大力提倡“尚武精神”。国粹主义体育思想就是希望实现“国术救国”，大力宣扬尚武精神，是军国民体育思想的辅助和有力补充，成为指导学校体育发展的重要思想。

在国粹主义体育思想的指导下，诸多传统体育的支持者们主张用中国传统武术取代学校体操课上的西洋体操。著名教育家徐一冰提议自高等小学第三学年起，将传统武术加入体操科，并指出西方技艺虽然有其特点，但因风俗或国情不同，并不一定完全适用于我国。马良也是这一思想的拥护者。马良自幼习武，深得武术习练的好处，所以主张发扬传统体育的优良传统，并潜心撰写出武术教材《中华新武术》，在全国推行。正是因为国人充分认识到武术的价值，所以1914年武术被列为各级学校的正课。1915年4月，《拟请提倡中国旧有武术列为学校必修课》议案通过。教育部当即明令“各学校应添授中国旧有武技，此项教员于各师范学校养成之”。武术从此正式进入学校[1]。马良的《中华新武术》作为全国中学正式武术教材，1919年秋通令全国实行。

武术进入学校对于传统体育在我国的发展具有非常重要的历史意义。为了适应学校体育的教学模式，武术的教学形式也发生了很大的变化：摒弃之前纯粹的师徒式教学，以班级授课，对不同年龄段的学生分别进行教学，这是传统武术不断适应西方等现代体育教学模式的尝试，对推动武术教育的现代化发展也具有重要意义。但是由于这些支持者们极力证明传统体育较西方体育的优越性，使这个时期传统体育的发展愈加偏激，也为后期的“土洋之争”奠定了基础。综上，对西方体育的批评和重新认识，体现了国人希望通过体育救国的思想，但是无论如何西方体育的渗透和发展已成不可阻挡之势，中国体育的现代化必须迎合西方体育发展，加以改造，找到新的立足点，才能顺应历史发展的潮流。

[1] 谭华，刘春燕. 体育史［M］. 北京：高等教育出版社，2017：238.

总之，这一时期的学校体育仍然是以“军国民体育思想”为主，兵式体操是体育教学的主要内容，这与当时军阀混战导致的社会动荡有紧密的关系。体育被赋予了重大的军事和政治责任。同时也促使国人更加注重“尚武”精神，使得传统体育在不断地改造和完善中重新回归学校。然而，随着社会的不断发展，尤其是“五四”运动后，以兵式体操为主的军国民体育越来越不适应社会的发展，逐步退出历史舞台。

（四）1922—1937年学校体育的发展

这一时期学校体育的发展得益于良好的社会背景。首先，在思想方面，1915年《新青年》杂志创刊。陈独秀、李大钊等以此为阵地，高举“民主”和“科学”的旗帜，掀起了一场“反传统、反孔教、反文言”的思想文化运动，对封建旧思想进行了全面的抨击和否定，各种社会思潮竞相涌现。其次，在政治方面，这一时期结束了军阀混战的局面，1927年南京政府的建立使整个社会的发展相对稳定，“一战”的爆发更是使帝国主义无暇顾及中国。最后，在经济方面，民营资本主义企业发展迅速，为教育事业的发展奠定了坚实的经济基础。就是在这样的社会背景下，整个教育事业发展突飞猛进，不仅学校的数量有较大幅度的增长，教学方法、教学模式、教学思想也日益现代化。最具代表性的思想是以杜威为代表的实用主义和以卢梭、洛克等人为代表的自然主义。人们对学校体育本质的认识一改之前“体育救国”的思想，开始意识到体育具有的个人价值，它不仅能强身健体，还能培养良好的人格，促进人的全面发展。他们反对强制、呆板、枯燥的体育活动方式，认为要尊重人的自然发展的规律，体现以人为本的思想。

1.“壬戌学制”的颁布标志着兵式体操的终结和学校体育的进一步规范

对于学校体育的发展来说，1922年是一个非常值得纪念的年份。这一年，“壬戌学制”的颁布彻底废止了在中国存在近20年之久的兵式体操，也标志着我国正式开始效仿美国的“六三三学制”。壬戌学制正式将体育科纳入学生必修课程。

“壬戌学制”之所以影响深远，在很大程度上是受美国杜威进步主义教育思想的影响。新文化运动作为我国历史上著名的思想解放运动，动摇了军国民主义教育思想的主导地位。杜威的实用主义和欧美自然教育思想融合，形成的新体育学说在我国开始生根发芽，对我国体育特别是学校体育产生了重大影响。这种新体育思潮摒弃了兵式体操的弊端，强调体育的教育意义，使人们开始重视体育对人全面教育的作用，也逐步开始了对体育教学方法和教学规律等的研究。自此，我国学校体育由仿效日本完全转变为学习美国。

兵式体操让体育背上了沉重的政治负担，沦为统治者实现政治目的的工具。同时兵式体操枯燥乏味和粗暴的教学形式，引起了学生及其家长极大的不满，与新文化运动倡导的思想格格不入。因此，兵式体操遭受了前所未有的抨击。自此开始，以德国为代表的军国民体育思想和兵式体操在中国失去了生存的土壤。很多学校进行改革，废止了兵式体操，将“体操课”改为“体育课”，授课内容逐渐多元化，涉及田径、球类、游戏等项目，更加符合时代的需求和个人发展的需求。

“壬戌学制”（又称学校系统改革方案）为教育的发展提出了新的要求。它与1923年公布的《新学制课程标准纲要》一起促使“体操科”正式退出历史的舞台，取而代之的是“体育科”。《新学制课程标准纲要》建立了新型的体育课程体系，不仅规定了体育课的学时和学分（小学体育课占总课时的10%，初中体育为16学分，高中体育为10个学分），也规定了体育课教学的基本内容（田径、体操、球类、游戏等）。需要强调的是，由于缺乏专业的体育教师，国人对实用主义教育思想宣扬的理念认识不够透彻，也缺乏深厚的理论基础，从而也带来了诸多的消极影响，如“放羊式”教学等苗头日益显现。

尽管新学制还存在诸多不足，却标志着中国的学校体育开始尝试新的发展模式，并努力迎合学生的需求，着重促进学生的健康成长，朝着更加科学化和现代化的方向发展。

2. 对体育价值的重新认识

长期以来，体育所承担的责任复杂重大且多沦为政治的附属品，尤其是体育被赋予的浓厚的宗教色彩、军事色彩延续多年。新文化运动所倡导的自由、独立、人权、民主、科学等先进思想极大地影响了国人对体育价值的认识。之前的学校体育过分强调体育所承载的社会价值，而忽略了体育具有的个人价值。新文化运动之后，尤其是受西方实用主义思想和自然体育思想的影响，许多仁人志士对于体育的价值有了新的认识和理解，纷纷发表观点。其中，毛泽东于1917年在《新青年》上发表了《体育之研究》一文。由于常年的战争和外敌入侵使整个国家羸弱不堪，国民体质堪忧，为此毛泽东深感担忧。在认识到体育的内在价值后，毛泽东撰写此文，希望通过体育改变国家当前的状况，振奋民族精神，提升国民体质。所以，毛泽东通过诠释体育的概念、目的、作用，体育与德育、智育之间的关系，以及体育锻炼的原则、方法等向国人展示了他的体育观。他认为体育具有“强筋骨、增知识、调感情、强意志”的四大作用，同时提出了学校教育要“三育并重”及“体育第一”的思想。这些关键思想的提出在社会上引起了巨大的反响，也牢固奠定了毛泽东体育思想、教育思想的基础。这对于他之后提出的以“发展体育运动，增强人民体质”为主的“新体育”精神具有重要的先导作用。

同年，恽代英也在《青年进步》杂志上发表了《学校体育之研究》一文，与毛泽东的《体育之研究》一并对整个社会的体育观产生了巨大的影响。恽代英的这篇文章猛烈抨击了当时学校体育发展过程中存在的弊端，尤其是强烈反对兵式体操在整个学校体育中占据的主导地位，学校体育不应只是简单、机械地进行死板的军事训练，而是应该根据学生个体的差异分别进行教学。同时，他还明确阐述了开展学校体育的目的。他认为学校体育应当承担起确保学生强健和健康的责任，而且要让学生掌握强健和健康的方法和道理，即“授之以鱼又要授之以渔”。同时，他也极力反对过度注重运动成绩的“选手体育”，他认为这是一种虚荣的表现，不应成为学校体育的主要任务，除了体育类学校有这样的责任，其他一般类学校根本没有培养运动家的责任。除此之外，他还提出了诸多体育改良的措施，如增加生理卫生课程，对学生定期进行体格的检查，要求学生持之以恒地锻炼，并在一定强度上主张进行猛烈练习，但要注意安全，要做到因材施教等。这些先进的体育观为学校体育的改革发展奠定了良好的思想基础。

作为“五四运动”杰出的启蒙思想家，陈独秀严厉批判封建统治下的中国教育，尤其是缺乏体育教育这一点。因此，他发表了《青年体育问题》一文，主张要加强对青少年的体育教育，提出“三育并重”，以“兽性主义”教育改造国民性，培养身心全面发展的人才。所谓“兽性主义”，是指“强大之族，人性兽性，同时发展。其他或仅得兽性，或独尊人性，而兽性全失，是皆堕落衰弱之民也”[1]。当时的中国，中国人可能真是“独尊人性”而“兽性全失”。孩子不活泼，中年人不健康，老年人不长寿，妇女缠小脚，男人则拖着大辫子[1]。所以，陈独秀认为要想使整个民族强大起来就需要培养国人的“兽性”，而体育锻炼就是非常好的方法和手段。尤其对于青年，“倘自认为二十世纪之新青年，首应于生理完成真青年之资格，慎勿以年龄上之伪青年自满也”[2]。

---

[1] 李力研. 毛泽东与他的“豪杰”体育[J]. 体育科学研究，2002：6（2）：6.

[2] 李力研. 毛泽东与他的“豪杰”体育[J]. 体育科学研究，2002：6（2）：7.

综上所述，西方先进思想的引入和国内学者的大力推广宣传，彻底改变了人们对于体育价值的认知，也使学校体育的发展一改之前军国民的体育思想，从学习日本转向学习欧美，朝着尊重学生身心发展规律、“身”“心”协调发展的道路前进。在当今看来，当时人们的认知也有历史的局限性和对西方的盲目崇拜。但不得不承认，这种思想的转变推动了学校体育的改革，学校体育逐步实现了现代化。

3. 一系列学校体育法规的颁布实施[1]

法令、法规等制度建设是确保学校体育发展的根本保障。在国民政府时期，学校体育有了比较稳定的发展。在教育部和众多知识分子的努力下，为了巩固学校体育的地位，教育部颁发了一系列的法令、法规。另外，教育部还在法令的基础上制订了相应的法规，以保证体育课程在各级学校的开设。1929年《国民体育法》第6条规定，高中及以上学校“体育为必修科”，无体育课成绩不得毕业。1932年的《国民体育实施方案》规定，专科以上学校体育课“每星期两小时，不及格者不得升级或毕业”。

通过对以上法令、法规的分析可以看出，虽然很多并非专门的体育法令，但其中均包含学校体育的相关内容。这些法令、法规涉及小、中、高、大等多个学段，而且包括师范学校、职业学校、专科学校等特殊的院校，范围涉及很广。另外，它们还十分强调课外体育活动，而且多采用强迫命令的方式或将体育课设为必修课程。这些做法都对改善学生的体质具有一定的作用。这些法令、法规的颁布有效确立了学校体育的地位，保障了学校体育顺利开展。

除了制度的保障，在这一时期，专门的管理部门的设立也对学校体育的发展起到了重要的作用。它们充分发挥监管、督促的作用，有效地保障各项法令、法规的实施。如陕甘边苏维埃政府设置的文教委员会（1934年），就在监管边区学校体育、儿童体育的开展方面发挥了重要的作用，有利地推动了这一时期学校体育的发展。

思想的引导是学校体育发展的方向指引，但是思想的落实更需要政策法令、法规的保驾护航，否则将是一纸空文。这一时期颁布的各项法令、法规切切实实地引起了国人的关注，也巩固了学校体育在整个教育系统中的地位。当然，由于经验和法令执行力度的欠缺，这些法令、法规并没有获得令人满意的

[1] 张爱红. 民族救亡与体育转型：对抗日战争时期我国体育发展的历史审视［J］. 体育科学，2016，36（8）：81.

效果，有的受战争、复杂的社会环境的影响而夭折或销声匿迹。但是，无论这些法令、法规的实施效果如何，通过制度建设促进学校体育发展的做法充分体现了社会的进步，也进一步保证学校体育朝着更加规范化、法制化的方向发展。

4. 传统体育教育价值的挖掘和规范化

我国传统体育的发展一直处于一种斗争的状态中。内部是各个门派间的斗争，外部是与西方技艺的斗争。但无论斗争结果如何，中国传统体育都在找寻它的生存之道和江湖地位。从最初的保家立命的民间武侠、社团，到各具特色的门派之争，再到保家卫国的尚武精神及壮志宏愿，中国传统体育都证明了其存在的价值和意义。

尽管传统武术回归校园，但与西方技艺相比，它的受重视程度不足。为了更好地推广武术，在张之江等人的努力下，成立了国术研究馆，以加强教材书刊的编辑和师资的培养等。但教育部认为这是已被淘汰的东西，不予认可。后经国民政府常务委员李烈钧的帮助才得以承认，国术研究馆成为国民政府直接领导的机构。1926年，国术研究馆改名为中央国术馆（全称是中央国术馆体育传习所），对于进一步促进武术教育的规范化发挥了重要的作用。他们编辑教学资料，审定教材，整理传统武术项目，为我国的武术理论建设和技术传播做出重大贡献。除此之外，在“术德并重，文武兼修”的馆训的指导下，设立学生武术训练班，健身强种，自卫御敌。在练武的同时，还要修身养性，学文化，学科学，要精通武术各项理论和消化各项教材，从而培养了一大批“术德并重，文武兼修”的武林俊杰，为武术事业做出了贡献。中央国术馆作为一个教育机构，通过设立教授班、师范班、练习班、青年班、少年班进行授课，并组织不同规模的武术考试和比赛，开展武术教学，培养武术人才。后来由于战争的爆发，国术馆的发展举步维艰，于1948年宣布解散。经历了二十多年的发展，国术馆对于武术的传承和发展功不可没，也积累了丰富的武术教学经验，推动了武术教学的规范化，也为社会培养了大量的专业人才，实现了武术传承的良性循环。

所以，这一时期的中国传统体育虽然仍面临着诸多的困难，但是在有志之士的努力下，国人充分认识到其价值，在西方技艺统领江山的背景下仍取得了巨大的成就。

（五）1938—1949年学校体育的发展

1937年，日本侵华战争全面爆发，人民饱受战争之苦，学校体育的发展也受到影响，刚刚步入现代化的学校体育蒙上了层层阴霾。学校体育就在这样的夹缝中生存，不过也呈现出一些亮点。这一时期根据统治区域将学校体育分为抗日根据地的学校体育、国统区的学校体育、敌占区（沦陷区）的学校体育。

1. 抗日根据地学校体育的发展

1937年成立的“陕甘宁边区体育运动委员会”和1940年成立的“延安体育会”是抗日根据地体育的领导机构[1]。体育被当作丰富群众业余生活、团结群众的重要手段。在学校体育方面，体育课受到较高的重视。这种重视首先体现在法规文件的制定和出台上，陕甘宁边区政府和边区教育厅于1938年公布了《陕甘宁边区抗战时期小学应加强军事化的通知》，1939年公布了《陕甘宁边区小学规程》《初级中学课程标准》，1941年公布了《陕甘宁边区小学规程》（修正稿）等[1]，体育课被设定为小学的必修课，而且对上课的节数（初小每周3节、高小每周5节）、上课内容（走、跑等游戏、爬山、跳高、跳远等）进行了明确的规定。初中、高中、高等学校也规定必须开展必要的课外体育活动。为了保证学校体育的开展，根据地还不断地提高的体育场地设施建设水平，以满足体育课或课外体育活动的需求。1941年9月，延安大学体育系的成立也充分体现了当时对学校体育发展的重视。虽然办学的时间只有短短1年，只有30多名学生，但却为体育教育领域培养了一批体育专业人才。1942年1月在延安成立的体育科学研究机构——“新体育学会”，编译体育刊物，探索体育发展方向。

另外，不得不提的是苏区学校体育发展的状况。在苏区，首先，通过制定法规，规定了体操课的时间和教学内容，并对学校体育场地和设施提出了专门的要求。其次，在体育教材方面下功夫，印编了《体育教学法》等多本教材，开展各类体育竞赛吸引学生的参与。为了培养后备军，学校还专门开展了一般性的军事训练，培养和选拔了一批专业人才进行授课，形成了较好的学校体育氛围。尤其是在一些大专院校，如红军大学、苏维埃大学等，都将体操课设置为常识课，与军事训练结合在一起，要求学生学习参与。

总之，苏区和根据地的学校体育在艰难的战争年代仍然取得了较好的发展，在坚守军事化的同时，体育课、课外体育活动和体育竞赛开展得丰富多彩，也充分体现出体育在团结大众、磨炼意志、提高身体素质、丰富精神文化生活等方面的显著作用。

[1] 张爱红. 民族救亡与体育转型：对抗日战争时期我国体育发展的历史审视［J］. 体育科学，2016，36（8）：81.

2. 国统区学校体育的发展

在国统区，由于战事的需要，体育仍然承担起了服务军事的重担，走上了体育军事化的道路。1942年国民体育委员会下设的学校体育组主要负责国统区内学校体育工作的开展。在各个学校，大力开展军事训练、童子军训练，并强制要求学生进行课外运动，以强健其体力。所以，国统区内开展学校体育的主要目的在于培养学生自卫和卫国的能力。与此同时，一部分学校完成西迁（国立北平师范大学西迁至陕西城固，与同时西迁的国立北平大学、北洋工学院共同组成西北联合大学[1]），一部分新的体育专科学校建立起来，培养出诸多体育专业人才，如国立体育师范专科学校、国立贵阳师范学院体育童子军科等。这些学校是在条件异常艰苦的情况下建立起来的，发展过程中也遇到种种困难。但是，学校的建立对于整个学校体育事业的发展和西部体育事业的发展起到了非常重要的作用。

3. 沦陷区学校体育的发展

在沦陷区，日本侵占了东北和华北、华东、华南的大片国土，并妄图奴化国人，以便更有效地实施他们的统治政策。“国务院”的“文教部”（后改名为“民生部”）主要负责学校体育工作，对青少年强迫实施体育与军事相结合的奴化训练。所选用的教材和开展的教育内容都是照搬或仿效日本。在伪满时期，日伪统治区内也陆续建立了一些示范学校，并设立了体育系、科。首先要提及的是女子师范学院体育科的成立，在一定程度上促进了女子体育的发展；其次这些学校多是由日本人控制，日本教官直接任教，中国人没有任何的话语权。这也形成了沦陷区学校体育的主要特点，即殖民色彩。在这样的背景下，也涌现出了诸多不甘做亡国奴的中国学生，他们也在以体育的方式向日本侵略者示威反抗，把体育当作健身强兵、凝聚民族精神、抗击日本侵略者的途径和场域。故而，沦陷区的体育活动实际上承担起了团结民众进行反殖民、反奴役和反控制的历史责任[2]。

总的来看，这一时期的学校体育虽然面临着巨大的困难，但是由于体育特殊的功能，它被当作了民族救亡的重要手段。学校作为培养青年的主阵地，

[1] 谭华，刘春燕. 体育史［M］. 北京：高等教育出版社，2017：247.

[2] 张爱红. 民族救亡与体育转型：对抗日战争时期我国体育发展的历史审视［J］. 体育科学，2016，36（8）：83.

也需要充分发挥体育的育人作用，间接促进了学校体育的发展和现代化。不管是怎样的推行方式，都在一定程度上促进了体育的普及和参与。参与规模之大、形式之多很是让人震撼。这期间也涌现出了一些具有社会影响力的组织，如“中华全国体育协进会”“全国青年体育协会”“中央国术馆”等。政府通过建立和完善体育管理和督学机构、增加体育课时数等措施使体育教育步入正规。当然，由于战争，学校体育还承担起了民族救亡的责任，军事色彩浓厚。但无论如何，抗战的影响使得体育获得了“非常态”的发展。在民族救亡的历史重任下，为了实现强身健体、提高战斗力的目标，政府通过多种途径支持和推动体育的发展，从法规文件到场地建设，到人才培养和教学内容的改革，以及对体育发展道路的研究等，都做出了巨大的努力。制度建设、组织建设和理论建设成就突出，不但使西方现代体育得到普遍、深入的传播，而且经过“土洋之争”促使我国民族传统体育实现了改造，愈加适应社会发展的需求，尤其是改变了国人对于体育价值的认知，从而加速传统体育的现代化进程。

二、中华人民共和国成立后学校体育的发展

1949年，中华人民共和国成立，我国真正成为了独立自主的国家，人民翻身做主人。然而，中华人民共和国成立初期百废待兴，政治、经济的恢复及其他各项事业的发展需要一代代人才的努力和付出。在中华人民共和国成立初期，党和国家领导人就已深刻认识到了拥有健康身体的社会主义建设者和接班人对于实现伟大复兴的重要性。体育便承担起这一重要的使命和责任。这一时期的体育是对革命根据地和解放区体育的继承和发展，同时学习和借鉴苏联及其他东欧社会主义国家体育的发展经验。从1952年国家体委、中华全国体育总会的建立，标志着新的管理制度的诞生，到我国扫除一切障碍全力争取派出代表团参加赫尔辛基奥运会，将五星红旗升起在奥运村上空，一代代的体育工作者们为了促进体育事业的发展，有条不紊地开展了一项项艰巨的工作，为了人民的健康幸福而不断努力奋斗着。

学校体育事业作为整个体育事业的重要组成部分，担负着培养健康青年一代的重任。为了响应1950年、1951年毛主席连续两年提出的“各校要注意健康第一，学习第二”的要求，切实让学生做到“身体好、学习好、工作好”，教育部于1953年正式将“身体好”列为“三好学生”的首要标准。这也为当今提出的“健康第一”的学校体育指导思想提供了理论依据。在确立了学校体育的重要地位后，一系列的工作随之展开。教育部专门设置了体育处，各省、市、

自治区教育行政部门也随之设立了负责学校体育管理的机构，制定并颁布了各项规定以约束、监督和评价学校体育工作的开展状况。至此，中华人民共和国学校体育的管理工作进一步规范化、制度化。除此之外，为了弥补体育师资不足，1952年华东体育学院建立。作为中国历史上第一所专门的体育学院，为培养专业体育人才做出了巨大贡献。在接下来的时间里，我国陆续成立了8所体育学院和11所体育学校，并有38所高等师范院校设立了体育系、科[1]。体育师资的培养有了切实的保障。

对学校体育工作来说，当一切保障工作就绪之后，最为核心的工作就是体育课程的设置。如何将党和国家对学校体育的寄托和构想付诸于每一堂体育课及任何能够提高学生身体素质的形式上，是每一位学校体育工作者努力的方向。换句话说，新中国学校体育的发展可以更直接地体现在体育课程的改革上。了解体育课程的改革历史，可以更加明晰地掌握学校体育的发展脉络。为此，笔者总结梳理了与中小学体育课程改革相关的内容和实践。

（一）中华人民共和国成立后中小学体育课程的改革

1. 体育课程教学大纲的改革演变

教学大纲是以纲要的形式规定课程的教学目的任务、知识技能的范围、深度与体系结构，是编写教材和进行教学工作的主要依据，也是检查学生学业成绩和评估教师教学质量的重要准则。科学合理的教学大纲的设置是开展体育教学的基础和方向，是教学工作不可忽视的重要环节，具有非常重要的作用。因此，国家高度重视体育课程教学大纲的撰写工作，并不断地修改完善。中华人民共和国成立至今，随着社会的发展和学校体育指导思想的变革，教学大纲也不断地革新。

1950年，教育部颁发《小学体育课程暂行标准（草案）》《中学体育课程暂行标准（草案）》，结束了体育教学无统一教学大纲和教材等的尴尬局面，明确了体育教学目标、教学内容。在教学大纲的指引下，1951年，人民教育出版社正式出版发行了全国通用的中小学体育教材，真正意义上实现了教学大纲、教学计划和教科书的统一。

---

[1] 高鹏. 中华人民共和国70年学校体育发展演变与历史经验［J］. 北京体育大学学报，2019，42（11）：60.

1956年，在借鉴苏联中小学体育教学大纲的基础上，国家将之前的暂行标准进一步完善，正式颁布了《小学体育教学大纲（草案）》《中学体育教学大纲（草案）》。将六年前提出的课程标准修改为教学大纲，增加了对体育课程教学内容选编原则的陈述，也规定了成绩的考核标准。但是受大跃进的影响，这一教学大纲未能继续推行下去。

1961年，在纠正了错误思想后，教育部再次集结专家制定了《小学体育教材》《中学体育教材》，其中也涉及教学大纲的制定。“增强学生体质”的指导思想登上历史舞台，也基本结束了照搬苏联模式的做法。研制的教材和教学大纲更加重视体操和游戏等教学内容，并增加了武术、田径及体育理论知识的教学，更加适合我国的国情。

之后几年，“文化大革命”爆发，原有的教学大纲、教材等都被视为“违禁品”而被迫废除，中小学体育的发展陷入一片混乱。体育课重回之前的模式，被劳动及军事训练所代替。

“文化大革命”后，1978年教育部重整旗鼓，颁布了《全日制十年制学校小学体育教学大纲（试行草案）》《全日制十年制中学体育教学大纲（试行草案）》，助力学校体育摆脱“文化大革命”带来的影响，尽快恢复教学秩序。这一教学大纲增加了对体育教材、体育教学、课外体育活动、体育教师与学生的配比等的陈述，以增强学生体质为目标，学校体育的发展再次步入正轨。

1979年，“全国学校体育、卫生工作经验交流会”的召开使学校体育的发展进入快车道。在这次会议上，各路专家深刻剖析学校体育发展存在的重要问题及原因，并献言献策，为学校体育的发展指明了方向。

1987年，借着《义务教育法》颁布的东风，《十二年制中小学体育教学大纲》颁布。这一大纲最突出的特点在于赋予了学校体育新的责任，增加了“终身体育”的思想，旨在培养学生终身体育的能力。从“增强学生体质”到“培养终身体育能力”，这一转变是一次巨大的改革，也为学校体育的发展指明了新的方向。

1992年，试行了四年的《九年制义务教育全日制小学、初级中学教学大纲（初审稿）》在不断的修改完善过程中由初审稿变为试用稿，开始在全国推行。同时颁布了《九年制义务教育体育与健康教学大纲（初审稿）》，这也强调了体育与健康之间的密切关系，肯定了体育在增强学生身体健康方面的价值和地位，这是对体育认识的质的改变。

1994年，新一轮的中小学体育课程改革拉开序幕。《关于印发中小学语文等23个学科教学大纲调整意见的通知》颁布实施，体育作为23个学科之一，教学大纲也做出了较大的调整。1996年，《“体育两类课程整体教学改革”的方案》公布。这一方案将体育划分为以技能、技术为主的教学内容和以增强学生体质为主的活动内容。在不断的改革发展中，一种新的教育思想应运而生——素质教育。

2000年，《九年义务教育全日制小学体育与健康教学大纲（试用修订版）》《九年义务教育全日制初级中学体育与健康教学大纲（试用修订版）》《全日制普通高级中学体育与健康教学大纲（试用修订版）》的颁布坚定了我国推行素质教育的决心，体育作为素质教育的重要内容，成为学校体育发展的新方向。从以上三个文件的名称可以清晰地看到，“体育与健康课”全面取代“体育课”，成为课程的新名称。这不仅仅是名称的改变，更大的改变在于指导思想的改变，以后的体育课程必须牢牢围绕“健康第一”的思想进行教学，更加注重素质教育。作为一个过渡性的大纲，它确立了“健康第一”的理念，尤其是对“三基”教学的要求，即更加强调基本知识、基本技术、基本技能的教学，由教师为中心转变为以学生为中心，让学生在学习过程中学会自我学习、学会做事、学会做人。在课程结构方面，增加了选修内容，压缩必修内容，减少教材类别，精简教材内容。给地方、学校及教师更多的自由权、选择权，教师可以充分发挥主观能动性。

2. 21世纪以来体育与健康课程课程标准的变革

2001年，“教学大纲”一词正式更名为“课程标准”。所谓课程标准，就是学生在经过一段时间的学习后应该掌握或能够掌握的内容，反映的是国家对学生学习结果的期望。主要涉及内容标准和表现标准（规定学生在某领域应达到的水平）。

相对而言，教学大纲与课程标准存在一定的区别。首先，在教学目标上，教学大纲要求知识与技能的掌握，而课程标准则强调三维目标，分别是知识与技能、过程与方法、情感态度与价值观；其次，在教学方式上，教学大纲注重教师的教和学生学习的结果，而课程标准则注重的是学的过程和方法；再次，在教材编写上，教学大纲强调学科自身的系统性、逻辑性，课程标准强调的是精选学生终身发展所必备的基础知识和基本技能，更多侧重的是一种能力；最后，在教学评价上，教学大纲侧重终结性评价和评价的筛选功能，课程标准侧重过程性评价和评价的教育发展功能。总的来说，课程标准在课程的基本理念、课程目标、课程实施建议等几部分阐述得更为详细、明确，注重的是学的过程和方法，是对学生接受一定教育之后的结果所做的具体描述，是教育质量在特定教育阶段应达到的具体指标，而不是对教学内容的具体规定。另外，课程标准是对学生学习结果的统一基本要求，而不是最高要求。当然，在实际教学过程中，仍然存在教学大纲和课程标准混用的情况。尤其是在普通高校，教学大纲仍然沿用。

体育与健康课程也响应国家的号召，2001年，制定并颁布了《全日制义务教育普通高级中学体育（1～6年级）、体育与健康（7～12年级）课程标准（实验稿）》，标志着新一轮基础教育体育课程改革全面启动。确立了“健康第一”的指导思想，确定了以学生为中心的课程理念，改变了传统的按运动项目划分课程内容的框架，将课程内容划分为运动参与、运动技能、身体健康、心理健康和社会适应五个学习领域。课程标准不再是强制地区、学校实施的指令性文件，而演变成为指导性的文件，赋予学校和教师更多的自主权和创新权。

2003年，《全日制普通高级中学体育与健康课程标准（实验稿）》颁布。这一课程标准更加强调“健康第一”的指导思想，更加注重从促进学生健康成长的角度发展学校体育，逐步向促进青少年体质健康聚焦，而不是单纯地仅从学科角度考虑问题。这种变革更加符合学科发展的需求，也更加人性化，是思想的又一次巨大进步。

在此基础上，2011年教育部集结专家学者再次修订并颁布《义务教育体育与健康课程标准（2011年版）》。这一文件强调运动技能学习的重要性，并统一将体育课程改为体育与健康课程。增加了“以学习体育与健康知识、技能和方法为主要内容”的描述，以消除一些体育教师在教学实践中对“淡化运动技能教学”的误解；在课程内容划分上，将原来的五个领域整合为四个方面等。

2017年，《普通高中体育与健康课程标准（2017年版）》大胆革新，革命性地提出了“体育学科核心素养”的概念。与以往的文件有所不同，这一文件进行了课程理念、课程目标、课程内容、课程结构、学业质量及评价方式的大胆革新，将核心素养细化为运动能力、健康行为和体育品德三个方面，充分发挥体育的教育作用，更加突出体现素质教育的理念。

2022年，在本书即将出版之际，《义务教育阶段体育与健康课程标准》问世，更加全面系统地规定了体育与健康课程的教学要求和标准。

3. 体育核心素养的提出和实施

2018年1月《普通高中体育与健康课程标准（2017年版）》颁布实施，它是2003年之后课程标准的一次革命性的变革，确立了以运动能力、健康行为、体育品德的培养为主的体育学科核心素养，进一步强化了学校体育“健康第一”的指导思想，明确了“普通高中体育与健康课程是一门以身体练习为主要手段，以体育与健康知识、技能和方法为主要学习内容，以培养高中学生的体育与健康学科核心素养和增进高中学生的身心健康为主要目标的课程”[1]。

通过对《普通高中体育与健康课程标准（2017年版）》的研读我们可以发现，未来学校体育发展的目标和方向将更加多元化、综合化。学生通过体育与健康课程的学习不再局限于某一运动技能的学习，而是真正做到“知其然，知其所以然”，能够为终身体育奠定基础，养生终身锻炼的习惯，并且能够在体育锻炼的过程发挥体育的教育功能，培养各种优秀的意志品质，实现立德树人的目标。与之前的课程标准相比，这一课程标准绝不是对之前课程标准的全盘否定，而是基于前者的创新和发展，是人才培养的新需求，也是适应国际发展新趋势的基本要求。突出了“基础性、实践性、选择性和综合性”四个特点，目的是让学生能够在丰富多彩的运动中选择，从事具有适宜运动负荷的体能训练和技能训练，积极参加课内体育与健康学习及课外体育锻炼、体育社团活动和体育竞赛活动，并融入健康教育，注重学科德育，培养学生的健康意识和行为，打好有助于其终身体育和发展的知识与技能、过程与方法、情感态度与价值观方面的基础[2]。需要强调的是，立德树人是体育与健康课程的根本任务，而“健康第一”是其指导思想。在两者的指引下，竭尽所能地满足学生的学习需求，努力培养学生的体育兴趣，在喜爱的基础上主动参与体育，而非被动地强制性参与。最终要帮助学生习得一项运动专长，突出“专”“精”，而非“面面俱到”，结果“面面不到”。

促进学生学科核心素养的形成是改革的方向，也是教学的主线。无论是课程目标、教学内容、学业质量、教学方式和学习评价都必须围绕和突出核心素养的培养，将学生不感兴趣的“军事课”“纪律课”“说教课”“单一技术课”“安全课”等体育课堂教学形态摒弃，从而改变“无运动负荷”“无战术”“无比赛”的“三无”体育课现状[3]。

总之，随着经济形态、社会形态等的转变，学校体育的指导思想在不断地发展演变。在这一演变过程中，先后出现了军国民体育思想、自然主义体育思想、体质教育思想、竞技教育思想、终身体育思想、快乐体育思想和“健康第一”的体育思想。无论是何种思想，都深深印刻着时代发展的烙印，体现出当

[1] 季浏.《普通高中体育与健康课程标准》“2017 年版”对“实验版”的继承与发展 [J]. 首都体育学院学报，2018，30（3）：197.

[2] 季浏. 我国《普通高中体育与健康课程标准（2017 年版）》解读 [J]. 体育科学，2018，38（2）：7.

[3] 季浏. 我国《普通高中体育与健康课程标准（2017 年版）》解读 [J]. 体育科学，2018，38（2）：18.

时社会对学校体育提出的要求。在这些思想的指导下，教学大纲也在不断地改革创新，以期更能符合教学的规律，满足学生不断变化的健身需求。无论是教学大纲还是课程标准，制定的目的都是促进学生体质的提升，让他们能够在快乐中参与体育锻炼，变被动为主动，形成“健康第一”的终身体育观。

4. 中小学体育与健康课程教学大纲、课程标准的改革

中华人民共和国成立70多年来，学校体育与健康课程教学大纲的改革历程，体现出了国家对学校体育工作的重视，也充分体现了时代的烙印和不同的价值追求与思想观念。每一次改革都反映出当时的主导者的美好愿望和旨在提高儿童青少年身体素质和健康水平的决心。

从最初的“以劳代体”“以军代体”，到以增强学生体质为中心，再到终身体育、素质教育，最终发展到当今“健康第一”的指导思想，可以看出人们对体育认识的转变，也展现出人们对体育价值的逐步认可，尤其是对体育与健康关系的认可。在这个过程中，形成了以学生为中心的价值取向，摆脱了以服务国家或仅从学科角度发展体育课程的狭隘思想。

体育课程的课程目标也发生了翻天覆地的变化，从“双基”到“三基”再到“核心素养”，一改单纯的技能学习的狭隘目标，注重理论知识的学习、学生自身能力的提高，并开始从过程、情感、态度、品德等方面发挥体育的教育作用，让学生在体育学习的过程中真正实现全面发展。这是对体育认识的深化，尤其是对体育教育价值认识的拓宽和深入。

除此之外，经过数次的改革，课程的内容也不断在革新。从原来的死板、统一的必修课程逐步向灵活创新的选修课程发展，更加注重学生的兴趣爱好，也给学校和教师更多的选择权，发挥他们的主观能动性，创设出更加适合本校学生、符合本校实际的教学内容。2017年创设的水平教学和模块教学，包括有些学校正在实施的走读课堂，就是充分尊重学生的兴趣并根据学生能力差异进行的有效改革，这种大胆的尝试是非常值得鼓励的。

从课程评价的角度来讲，学校或教师对于学生的评价更加多元化、过程化、综合化，不仅注重结果的评价，也注重素养的评价，尤其是逐步将体育课程评价纳入到学生整体评价中已经成为一种不可逆的趋势。体育中考分值的增加、高考中添加体育水平测试已经成为时代的呼声和必然的趋势。在这种以评价促发展的倒逼式课程改革中，体育课程将会越来越受到重视，从而真正实现德智体美劳全面发展的目标。

总而言之，课程标准的设计是理想化、理论化的。能看出课程标准的制定者们对体育课程的高度认可，也赋予其更多的社会责任，但是理想终归是理想，在具体实施的过程中会出现太多的实际问题使得理论落地异常艰难。由于理论制定者缺乏实践经验和教师群体的理解偏差与实际执行困难，使学校体育课程的实施仍然难以达到理想的目标，体育课仍然处于边缘化的状态，学校体育的发展不容乐观。

（二）青少年体质评价标准的演变、发展与解析

评价青少年体质离不开科学、合理的评价标准，制定科学、有效、合理的青少年体质评价标准是青少年体育工作的重要环节。中华人民共和国成立以来，随着学校体育指导思想的演变、体育课程标准的发展及时代的进步，有关青少年体质的评价标准也在不断地发生变化。先后经历了“劳卫制”、《青少年体育锻炼标准》、《国家体育锻炼标准》和《学生体质健康标准》。本部分将详细介绍以上四个评价标准制定的背景、内容、特点，以期窥见青少年体质评价标准的演变过程。

1.“准备劳动与保卫祖国体育制度”（简称“劳卫制”）（1951—1963年）

中华人民共和国成立伊始，百废待兴。长期的战乱也使得国内经济一片狼藉，很多儿童青少年都出现了严重的营养不良并且受到各种疾病的困扰，体质令人担忧。为了尽快恢复社会秩序，改善儿童青少年的身体状况，提高他们的健康水平，国家体委希望通过体育锻炼改善儿童青少年的身体状况，使他们担当起社会主义建设的重任。之后，我国掀起了向苏联学习的热潮。教育部曾派遣多人出访苏联，把苏联的教学经验照搬回国。1953年6月30日，毛泽东主席向全国青年提出的“三好”要求，即身体好、学习好和工作好，更是将体育摆在了突出的位置。在“三好”的号召下，“准备劳动与保卫祖国体育制度”，简称“劳卫制”，就在这样的背景下诞生了。1954年5月4日，国家体委正式公布《中国劳卫制暂行条例》和项目标准。我国众多的学校、部队和机关单位都掀起了“劳卫制”锻炼热潮。1958年，国务院正式批准公布“劳卫制”。后来，由于三年自然灾害，“劳卫制”被迫暂停。待它再次回归之时，已被1964年提出的《青少年体育锻炼标准》代替。自此，“劳卫制”退出了历史舞台。

尽管“劳卫制”实施的时间不是很长，期间也经历了诸多波折，但它对我国体育事业的贡献也是很大的。首先，“劳卫制”建立的初衷是“增进劳动人民的健康，全面地发展他们的体能，使他们更好地参加社会主义建设和保卫

祖国的各项工作”，也是以增进健康，预防疾病为主要目标。其次，从“劳卫制”的内容来看，它采取的是全员参与的模式，按照不同年龄、不同性别进行分组划级，共分为劳卫制少年级、劳卫制一级和劳卫制二级三个等级，制定不同的达标标准（理论+技能）。需要指出的是，“劳卫制”所设定的达标项目和达标标准有一定难度，是要经过长时间的坚持和努力才能实现的。从运动项目（少年级的测评项目主要包括“徒手体操、爬绳或爬竿、60公尺跑、500公尺跑、跳远或跳高、手榴弹掷远或垒球掷远、25公尺游泳或60公尺障碍跑、技巧运动”[1]）就可见一斑。从这些运动项目来看，“劳卫制”所设定的运动项目的军事化特征是十分明显的，涉及速度、灵敏、耐力等各方面的素质。另外，为了有效增强体育参与的动力和压力，对于不达标的人员，“劳卫制”采取降级制。对于已经达标人员，实行三年复评，并通过颁布奖章和奖状等精神激励的方式激发人们参与体育锻炼的积极性。另外，在期刊、杂志、报纸和书籍上广泛宣传“劳卫制”的价值和意义，并通过刊登专栏、出版丛书等指导人们进行锻炼，产生了很好的社会反响。其中《新体育》是宣传“劳卫制”的重要平台。最值得肯定的是，“劳卫制”的历史贡献在于对参与者精神的鼓舞，充分体现出了参与者们顽强拼搏、坚韧不拔的意志品质。尽管当时的条件异常艰苦，但人们参与体育锻炼的热情高涨。

当然，“劳卫制”也不是完美的，尤其是“劳卫制”好大喜功、急于求成的思想使很多部门、单位或个人都未能结合实际科学适度地进行训练，导致一些意外事故的发生，也引发不同学派就“劳卫制”的科学性、名称、原则及引发问题的原因等进行讨论。就在这样的争论、尝试中，“劳卫制”因为自然灾害而被迫停止。

时过境迁，“劳卫制”也带给我们一些启示，尤其是在学校体育领域，为什么在艰苦的年代青少年参与体育锻炼的积极性会那么高？为什么一张薄薄的奖状对孩子们会有那么大的吸引力？当前青少年对体育的认识和看法只是停留在表面，根本没有体会到体育带给他们的乐趣，也无从体会到体育倡导的精神。这是值得我们认真反思的。

2.《青少年体育锻炼标准》（1964—1975年）

三年自然灾害后，有些学校开始尝试恢复“劳卫制”。但在此时，学术界开始了关于“劳卫制”名称的讨论，一些学者认为“劳卫制”不符合我国的

[1] 曾恒辉.中华人民共和国成立后推行“劳卫制”的历史研究[J].体育文化导刊，2005，2：75.

习惯，尤其是周恩来总理的指示更是坚定了人们修改“劳卫制”名称的决心。所以，1964年召开的全国体育工作会议提议将“劳卫制”改名为《青少年体育锻炼标准》。虽然名称有所改变，但实际的锻炼内容和标准并没有太大的改变，只是取消了男子30岁以上、女子26岁以上的年龄组别。但对于青少年儿童来说，这一标准并没有任何的改变。《青少年体育锻炼标准》的颁布在一定程度上再次掀起了青少年体育锻炼的热潮，也在一定程度上改善了青少年的体质状况。但是好景不长，1966年“文化大革命”爆发，这一标准被迫停止，直到1975年新的标准诞生。

3.《国家体育锻炼标准》的颁布（1975—2002年）

1975年，正值“文化大革命”末期，十年间我国各项事业的发展均受到很大的影响。儿童青少年是祖国的未来和希望，也是社会主义的建设者，所以必须增强他们的体质水平，使他们更好地承担起建设祖国的重担。在这样的社会背景下，国务院通过了由国家体委颁布的《国家体育锻炼标准》。这一标准成为中华人民共和国成立以来国家首次颁布的专门针对儿童青少年的体育锻炼标准。

随着经济水平、科技水平的提高，人们的生活水平和生活方式都发生了翻天覆地的变化，尤其是电视、计算机等电子产品的普及，使得很多青少年痴迷于静坐式的生活，从事体力活动的机会越来越少，“文明病”的蔓延导致包括青少年在内的诸多群体的体质下降比较明显。许多教育家一方面加强学习西方先进思想和经验，另一方面进行改革创新，旨在改善青少年的体质状况。就在这样的大背景下，学校体育由之前的预病防病的指导思想转变为以增强学生的体质为目的的指导思想。因此，以增强学生体质为目的的学校体育工作目标成为20世纪80年代初至90年代中期学校体育工作的指导思想。

与“劳卫制”等体育锻炼标准不同的是，《国家体育锻炼标准》较大的变革在于其一改之前的“达标”法，变为“评分”法，目的在于更加客观地综合评价青少年的身体素质和运动能力。从测试的项目来说，与“劳卫制”注重军事技能的测评内容不同，《国家体育锻炼标准》取消了地方性的体育锻炼项目，将测验项目进一步精简、统一，并设定一定的规格标准。测试内容涉及50米或100米或25米往返跑，800米（女）、1000米（男）跑，跳远或跳高或立定跳远，掷实心球或推铅球和引体向上（男），1分钟仰卧起坐（女）5项[1]

[1] 曾吉，蔡仲林，等. 中华人民共和国成立以来我国学生体质健康标准的演变与发展［J］. 沈阳体育学院学报，2007，26（4）：17.

（图1），更加注重多项身体素质的考核，还设置了单项的基础分，旨在有效促进儿童青少年的全面协调发展。需要明确的是，这一标准的制定、颁布和具体实施，不再由体育部门进行，学校体育部门更多地开始发挥管理职能，这也开创了一个全新的管理模式。1977年，国务院批准颁发的《国家体育锻炼标准》证书、奖章更是激励了青少年参与体育锻炼的热情。1979年，为了实现学生德、智、体全面发展的目标，国家体委、教育部进一步要求学校广泛实施《国家体育锻炼标准》，以增强学生体质。同年5月，中华人民共和国成立以来最大规模的全国学校体育、卫生工作经验交流会——扬州会议[1]进一步明确了“增强学生体质”成为学校体育工作的指导思想。

表 1《国家体育锻炼标准》评价内容①

	评价项目	评价指标
1975-1981年	1.60米跑、100米跑、200米跑	速度
	2.400米跑、一分半跳绳 、800米跑（女）、1500米或3000米跑（男）	耐力
	3.跳高或跳远	爆发力
	4.垒球或铅球或手榴弹投掷	力量
	5.爬竿、引体向上或双臂屈伸（男）、俯卧撑或仰卧起坐（女）	综合素质
	6.背背包（3公斤）行军拉练（4公里）、游泳、滑冰	
	7.体操技巧	
1982-1989年	1.50米跑、100米跑、10秒25米往返跑、25米计时往返跑、	速度
	2.一分钟跳绳、25米计时往返跑或400米跑、1000米跑或1500米跑（男）、800米跑（女）、游泳、滑冰	协调、灵敏
		耐力
	3.跳远、跳高、立定跳远	爆发力
	4.垒球或沙包或实心球或铅球掷远	
	5.爬竿、举重物、1分钟仰卧起坐（女）、引体向上（男）	力量
1990-2001年	1.50米跑、100米跑、25米计时往返跑、10米×4往返跑	速度
	2.一分钟跳绳、50米×8往返跑、1000米或1500米跑（男）、800米跑（女）、游泳、滑雪	协调、灵敏
		耐力
	3.跳远、跳高、立定跳远	爆发力
	4.实心球或铅球掷远	力量
	5.一分钟仰卧起坐或20秒钟立卧撑斜身引体（女）、引体向上或双杠臂屈伸（男）、曲臂悬垂（男女同）	肌肉耐力

图1　第三版《国家体育锻炼标准》评价内容

从1975年开始，这一标准分别在1982年、1988年、1990年进行过多次修改以适应不断发展的社会的需要。1982年的补充修改更加强调“中、小学生每天锻炼一小时”，以此确保学生的体质健康。1984年，“体育强国”目标的提出更是为体育运动的发展指明了方向。学校体育也在这一目标的指引下，建立了中小学生体质、健康卡片以监督和记录学生的健康发展状况。1990年，在素质教育的呼声越来越强的背景下，《学校体育工作条例》的颁布进一步明确

[1] 汪晓赞，杨燕国，等. 历史演进与政策嬗变：从“增强体质”到“体教融合”——中国儿童青少年体育健康促进政策演进的特征分析[J]. 体育科学，2020，56（10）：5.

了“增进学生身心健康、增强学生体质”的学校体育工作任务。这些都由教育部门和体育部门联合行动所采取的措施，也使“健康第一”的指导思想逐步确立。1995年，《全民健身计划纲要》《中华人民共和国体育法》等重磅性文件的相继出台，更是为学校体育的发展营造了良好的环境。整个社会对体育的内涵有了全新的认识，从而形成了一种“大体育观”的思想，体育承担起了更加丰富的责任，也逐渐衍生出更多的功能，如教育功能、经济功能、政治功能和文化功能等。而此时学校体育的发展也正是对体育教育功能的全面发挥，受到人本主义教育思潮的影响愈加深刻，以学生为本的教育理念愈加深入人心，因而也更加关注学生的身体健康，学校体育指导思想向以关注学生发展需求为主导转变[1]。2002 年，《全日制义务教育普通高级中学 体育（1～6 年级）体育与健康（7～12 年级）课程标准（实验稿）》颁布。该课程标准的颁布标志着“健康第一”正式成为体育与健康课程的指导思想。

4.《学生体质健康标准》的颁布（2002—2006年）

2002年国家体育总局联合八部委对《国家体育锻炼标准》进行了第三次修订，颁布了《普通人群体育锻炼标准》，它与同时期出台的《学生体质健康标准》互为补充共同促进学生体质健康水平的提高。与之前的评价标准相比，《学生体质健康标准》将评价对象精准定位于学生，“锻炼标准”转变为“健康标准”，更加突出了“健康第一”的指导思想。然而，《学生体质健康标准》仅实行了5年，就被《国家学生体质健康标准》代替。

表 4《学生体质健康标准》评价内容①

《学生体质健康标准》（2002-2006 年）		评价指标
小学 1-2 年级	1. 身高与体重	
	2. 坐位体前屈	
	1. 身高、体重	
小学 3-4 年级	2. 50 米跑	
	3. 立定跳远	体型
	1. 身高、体重	柔韧
	2. 肺活量体重指数	速度
学生 5-6 年级	3. 台阶试验、50 米×8 往返跑	爆发力
	4. 50 米跑、立定跳远	
	5. 握力体重指数、仰卧起坐（女）、坐位体前屈	心肺功能
初中、高中、大学	1. 身高、体重	力量
	2. 肺活量体重指数	
	3. 台阶试验、800 米跑（女）、1000 米跑（男）	
	4. 50 米跑、立定跳远(男)	
	5. 握力体重指数、仰卧起坐（女）、坐位体前屈	

图2　《学生体质健康标准》（2002—2006年）评价内容

[1] 汪晓赞，杨燕国，等. 历史演进与政策嬗变：从“增强体质”到“体教融合”——中国儿童青少年体育健康促进政策演进的特征分析［J］. 体育科学，2020，56（10）：6.

5.《国家学生体质健康标准》（2007年至今）

五年之后，《学生体质健康标准》被《国家学生体质健康标准》代替，在名称上增加了“国家”二字，标志着学生体质健康问题上升为国家问题，是《国家体育锻炼标准》在学校的具体实施，是国家对学生体质健康的基本要求。同时，是学校教育工作的基础性指导文件和教育质量基本标准，是评价学生综合素质、评估学校工作和衡量各地教育发展的重要依据。这一标准主要是从身体形态、身体机能和身体素质等方面综合评定学生的体质健康水平。选用的指标能够反映其身体成分、心血管系统功能、肌肉的力量和耐力及关节和肌肉的柔韧性等基本状况（表4）。

表4　《国家学生体质健康锻炼标准》测试项目及分值

组别	评价指标（测试项目）	分值
所有年级	BMI	15
	肺活量	15
小学一、二年级	50米跑	20
	坐位体前屈	30
	1分钟跳绳	20
小学三、四年级	50米跑	20
	坐位体前屈	20
	1分钟跳绳	20
	1分钟仰卧起坐	10
小学五、六年级	50米跑	20
	坐位体前屈	10
	1分钟跳绳	10
	1分钟仰卧起坐	20
	50×8往返跑	10
初中、高中、大学各年级	50米跑	20
	坐位体前屈	10
	立定跳远	10
	男生引体向上、女生1分钟仰卧起坐	10
	男生1000米跑、女生800米跑	20

除了明确确定不同年级学生的测试项目和每一个项目所占的分值，还同步制定出不同项目、不同性别的评分表供测试人员统一使用。通过评分，首先是对各项测试结果分别评分，得出相应评价指标的得分和等级；其次是对每一个学生给出一个总的得分和等级。除此之外，对测试结果进行公示也是有效促进学生体质改善的重要举措。该公示经历了2002年《〈学生体质健康标准（试行方案）〉实施办法》中“各地教育、体育行政部门对本地各级各类学校实施标准的情况进行通报”的初始形态，到2014年《学生体质健康监测评价办法》中“各级教育行政部门逐步建立健全包括信息反馈公示的学生体质健康监测评价体系”的演变发展，再到2016年《国务院办公厅关于强化学校体育促进学生身心健康全面发展的意见》中“鼓励各地运用现代化手段进行公示”的最新要求，体现出国家对《标准》测试结果公示重视程度越来越高，实施要求越来越细的发展过程[1]。

2013年12月16日，国家体育总局、教育部、全国总工会印发《国家体育锻炼标准施行办法》修订后的《国家体育锻炼标准施行办法》，标志着我国群众体育进入了新标准航道。

综上所述，有关青少年的国家锻炼标准几经修改完善，适应了社会和时代的发展，也突出了学生需求和健康为本的重要性。自此，学校体育在“以人为本”的教育价值及素质教育方针的指引下，确立了“健康第一”的指导思想，并努力贯彻在体育教育中。

6. 对于青少年体质健康评价标准的评价

当前，在《国家学生体质健康锻炼标准》的指导下，每年一度的学生体质测试成为学校体育工作的重要任务，也是一项涉及每一位学生的庞大工程。通过全面的体质测试可以向体育部门和教育部门等相关部门呈现全国学生的体质现状，能实时掌握学生体质状况和历年的演变状况，并全面指导和合理部署接下来的学校体育工作，使其朝着更加科学合理的方向前进。

然而，由于学生体质测试的结果事关学校的根本利益，测试过程受主观性及测试效果受物质限制等的影响，使测试结果的真实性受到影响，出现了一系列偏离目标的现象和行为。有的学校为了使数据看上去更“漂亮”，出现人为造假的情况，在测试过程中也出现了诸多漏洞使测试数据不够真实。另外，由

[1] 张强峰，周帆，等. 国家学生体质健康标准测试结果公示：动因、问题与推进方略［J］. 武汉体育学院学报，2020，54（9）：10.

于测试人员的思想松懈或态度不够端正，测试过程人为干扰现象严重等，都对体质测试目标的实现产生了严重的影响。

抛开测试结果的真实性，事实上青少年体质状况逐年下降的情况已经成为公认的事实。虽然我国的学校体育工作取得了长足的进步，儿童青少年体育健康促进政策逐渐趋于系统化和科学化，更加突出以人为本、全面发展的价值取向[1]。然而严峻的体质下滑的事实，给我们敲响了警钟，也使颁布各项青少年健康促进政策成为必然。

（三）重磅性学校体育发展政策的解析

政策的制定是国家进行社会各领域管理的前提条件、基本方法和基本工具，也是衡量管理效力的基本标准。它直接约束和指引各项事业的改革与发展。体育事业作为国家的重要组成部分，也需要制定不同类型、不同等级的政策、法规来指引体育事业的发展。随着时代的发展，体育政策法规也在不断地与时俱进中经历着变革，承担起不同的使命与责任。简言之，任何体育政策的制定都是为了推行某项体育改革，将有限的体育资源进行重组或旨在努力解决体育领域存在的问题。作为体育治理的首要表现形式，体育政策是否科学合理、质量是否经受住考验及执行的好坏，都直接影响体育改革的质量和水平。因此，需要高度重视体育领域相关政策的制定，从而有效地进行体育的治理。

学校体育政策的变革将直接影响学校体育的发展方向，决定学校体育工作的重点和目标。所以，非常有必要从历史的维度全面审视青少年健康政策的演变和发展，在深入解析中发现规律，找出问题，从而更加明确学校体育的发展脉络，更有效地推进学校体育的发展。

实际上，学校体育政策指的就是那些关于学校体育改革与发展的各种法规、纲要、通知、计划、方针、准则、方案或措施等，是以“文本”的形式而存在。当然，除了这一静态的形式，政策还需要经历制定、执行、评估和调整的动态环节，并随着时间的推移周而复始，缺一不可。由此可见，如果要了解学校体育政策的前世今身，既需要了解和分析政策的文本形态，也要全面知晓政策制定、执行、评估和调整的各个环节，这样才能真正了解政策的内涵及其承担的历史使命，才能明确学校体育发展的障以及凸显的问题。

[1] 汪晓赞，杨燕国，等. 历史演进与政策嬗变：从“增强体质”到“体教融合”——中国儿童青少年体育健康促进政策演进的特征分析［J］. 体育科学，2020，56（10）：5.

总之，学校体育的改革与发展实际上体现的就是政策变革的历程。政策提及的目标就是学校体育改革要努力实现的目标。目标实现所需要的全方位的资源保障又需要政策的助力。而学校体育改革过程中遇到的新问题、新矛盾又需要新的政策的助力，从而形成了一个闭合的循环。换言之，学校体育的改革、进步所需的每一个环节都需要政策的引导、保障和助力。离开政策的引导学校体育改革必然会丧失方向，但如果是脱离实际的学校体育政策，也必定是无效的。

这些重磅性的文件值得每一位体育工作者去了解其产生的背景、内容、指导思想等。这方面也是现在很多体育工作者欠缺的，是学校体育政策执行偏差或形式化现象严重的原因之一。本部分旨在全面梳理中华人民共和国成立至今有关青少年健康政策的演变历程，并重点解析一批重磅性的文件，以期全面掌握学校体育发展的脉络及不同时期学校体育发展的重点，并明晰这些政策制定的背景、过程及执行的相关情况。

1.《关于加强青少年体育增强青少年体质的意见》

（1）《关于加强青少年体育增强青少年体质的意见》出台的背景

2007年5月7日，中共中央国务院印发了《关于加强青少年体育增强青少年体质的意见》（中央7号文件）。对这一文件出台的意义描述最多的语句是“中华人民共和国成立以来最高规格和最高级别的关于青少年体育工作的政策性文件。”为什么说是最高规格和最高级别，原因在于这次是由中共中央国务院首次颁布的有关青少年体质健康方面的文件，足以看出国家对青少年体质健康的关注和重视。

说到中央7号文件的出台背景，不得不提及的是2005年全国学生体质与健康调研结果。在高考的指挥棒下，应试教育愈演愈烈。尽管素质教育的呼声日益强烈，但与高考成绩相比，素质教育必定退居次要位置，无论是家长还是学校最看重的仍是学业成绩。为了谋求一个好的出路，大家不谋而合地选择牺牲短时间的健康，来拼一个所谓的“未来”。殊不知，人一生中锻炼习惯养成的最佳时期便是青少年时期。如果错过了这一黄金时期，那么将对人的一生产生严重的影响。况且，健康往往是很难弥补和挽回的。这也是青少年体质水平不升反降的原因。

2005年全国学生体质与健康调研结果向人们展示了青少年体质健康的严峻性，无论是肥胖率、近视率，还是学生的肺活量、速度、耐力、爆发力等身体专项技能指标，都呈现出严重的下滑迹象，从而引起了全国人民和政府的高度重视。面对这一形势，胡锦涛同志作出重要批示。这也是中央7号文件颁布的主要推动力。而且一改之前仅由教育部门和体育部门管理青少年体质健康的局面，国家调动各个部门发挥力量共同解决这一问题。除此之外，当时正值2008年北京奥运会举办前夕，体育工作受到前所未有的关注。这一文件也成为新时期学校体育发展的纲领性文件。

（2）中央7号文件的主要内容

中央7号文件从三个方面用20条细则为学校体育指明了发展方向和工作重点。统观中央7号文件的全部内容，可以发现几大亮点。

第一，“健康第一”成为学校体育发展的重要思想。全面提高学生体质，促进学生身心的健康发展成为学校体育工作的核心任务。

第二，全面实施《国家学生体质健康标准》，把健康素质作为评价学生全面健康发展的重要指标。为此也拉开了初中毕业升学体育考试的序幕。希望通过考试的方式引起相关人员的重视，使学生能够在应试的被动推动下逐渐养成体育锻炼的习惯，由被动的体育参与逐渐转变为主动参与。

第三，广泛开展“全国亿万学生阳光体育运动”。课业的压力使学生丧失了童年该有的乐趣和与大自然亲密接触的机会。阳光体育活动的开展实际上就是希望学生们能更多地走进大自然、亲近大自然，在体育参与的过程中享受快乐和健康，而不仅是应试者，切实减轻学生过重的课业负担。

第四，确保学生每天锻炼一小时。充分利用在校时间，通过体育课、课外体育活动和大课间等形式让学生走出教室进行体育锻炼，做到劳逸结合，在一定程度上提高学生的身体素质。

第五，举办多层次多形式的学生体育运动会，积极开展竞技性和群众性体育活动。体育的魅力在于其竞技性。通过体育运动会或其他形式的竞技体育活动可以有效调动学生参与的积极性和兴趣。而且通过赛事可以培养学生的各类品质，从而更加充分地发挥体育的育人功效。

第六，加强学校体育设施建设。场地设施短缺是制约学校体育发展的重要因素。当前我国中小学普遍存在人多场地少的现象，人均占有场地面积严重不足。超大班额和高密度的学生分布严重阻碍学生更有效的锻炼，使很多项目不能顺利开展。因此，非常有必要增设各类体育设施。

第七，加强体育安全管理，指导青少年科学锻炼。安全问题是体育教学面临的极为现实和棘手的问题。运动损伤是体育运动中不可避免的情况。现在很多学校因为害怕学生出现安全事故，而不去开展此类体育活动。实际上，在很多情况下，有的安全事故是完全可以避免的，关键在于如何有效地管理和科学地锻炼。所以必须加强安全管理和科学训练工作，让孩子们在一种安全的环境下积极参与，解除青少年，尤其是家长和教师的后顾之忧。

第八，各级党委和政府要把加强青少年体育工作提上议事日程，纳入经济社会发展规划。将青少年体育工作纳入政府绩效是一种有效引起政府重视的途径。

第九，各级政府和教育部门要加强对学校体育的督导检查。学校是开展青少年体育工作的主阵地，加强学校体育的督导检查工作对于督促学校切实落实文件政策有一定的促进作用。

第十，增加家庭和社区的青少年体育活动，形成学校、家庭和社区的合力。青少年体育活动的开展主体是学校，但不是唯一的主体。青少年体质的改善需要多方的努力。根据国际经验，家庭和社区也应承担起责任，与学校共同改善学生的体质。

中央7号文件颁布实施之后，引起了国内相关部门和人员对学生体质健康的关注。从而迅速形成了加快学校体育改革，推进阳光体育运动的热潮。“健康第一”的理念在全社会推广开来，与之配套的政策法规逐步完善，中小学体育课程的教学改革不断深入，也创新性地开展了丰富多彩的课外体育活动，课余训练和竞赛蓬勃开展，师资队伍建设得到进一步重视，体育教师的地位得到了一定程度的提高，场地器材设备的配备较之前有了明显改善，青少年体质健康方面的科学研究不断繁荣。

（3）为落实中央7号文件所做的努力

中央7号文件对学校体育工作的要求为学校体育的发展指明了方向，也对学校体育工作者提出了更高的要求。为此，教育部做了大量的工作。

首先，教育部专门召开学校体育工作会议部署工作任务，并加强文件的宣传和解读，以期增强相关者的认知。尤其是通过每年召开的推进会（如2008年和2009年分别举行的第1、2届全国亿万学生阳光体育运动推进会、2010年全国贯彻落实《中共中央国务院关于加强青少年体育增强青少年体质的意见》推进会），切实推动基层部门行动起来，将文件落到实处，并尽可能做到因地制宜。

其次，除了召开会议，为了能够将中央7号文件转化为具有可操作性、可衡量的文件，教育部努力制定出更加精细化、可操作强和因地制宜的政策文件，供基层政府和学校参考实施。例如2007年4月下发的《国家学生体质健康标准》就成为各级各类学校考量学生体质状况的重要标准，并实时掌握学生的体质数据，充分了解学生体质的变化状况，以此作为依据不断完善各项具体措施。2014年，又进一步修改完善了《国家学生体质健康标准》，并开始在全国实施。学生的体质健康监测评价制度日益完善。又如，2011年针对课外体育活动又下发了《切实保证中小学生“每天一小时”校园体育活动的规定》确保中小学生“每天一小时”的校园体育活动（需要注意的是，这里所指的一小时是一个累计时间，即所有体育参与的时间，是一个零碎的、拼凑的时间。这在一定程度上有一定的局限性，对学生体质状况的改善也很难起到显著的效果）。再如研制了《国家学校体育卫生条件基本标准》，从体育教师、体育场地器材、教学卫生、生活设施、卫生防疫、卫生保健室的配备等方面明确各级各类中小学校办学的最低标准。这些精细化文件的出台对于贯彻落实中央7号文件起到了较好的保障作用，也给地方政府和学校施加了足够的压力。

另外，面向教师开展的“国培计划”是确保中央7号文件实施的另一重大举措。在国培计划中，通过开展专题讲座、网络互动、总结展示等方式，深化教师对体育教学工作的认识，提高教师的教学能力和水平。如2007年举办的“中国青少年体质健康论坛”就是为了探讨以体育为手段促进中国青少年全面发展的问题，最终真正落实阳光体育运动在全国的深入开展。

再次，开展各类活动，营造浓厚的阳光体育活动氛围。比如在文件刚颁布不久，九大部门就合力在天安门广场举行了“和谐中国 畅想奥运 万名青少年学生文体活动”。举办这一活动旨在动员和鼓励青少年认真落实中央7号文件，积极参与到阳光体育活动中去，坚持每天锻炼1小时。尤其值得一提的是，为了营造良好的氛围，教育部还专门创作了主题歌《阳光体育之歌》，拍摄了MV，要求全国推广传唱，还创编了《第一套全国中小学校园集体舞》在全国中小学校普及推广。同年8月，又在河北承德举办了“全国亿万青少年阳光体育运动展示大会”。10月，共青团中央、国家体育总局又启动了“阳光体育冬季长跑活动”。2011年由教育部和重庆市人民政府联合主办的“心手相连，健康成长——2011年全国学生阳光体育展示活动”又是一项具有较大规模和影响力的展示活动。

最后，则是从督导评价入手，及时组织开展教育督导专项检查，给地方政府、教育部门和学校施加压力。通过督导评价引起人们对学校体育工作的重视，期望切实做到以“以人为本，健康第一”为指导思想，认真落实“每天锻炼一小时”的规定，不占用体育课，将体质评价纳入学生综合素质评价，进而提高体育学科在所有学科中的地位。此外，还通过设置“阳光体育奖章制度”鼓励广大青少年能够自觉自愿地参与到阳光体育活动中，对于表现突出的青少年给予奖励，以少数带动多数，最终实现人人参与。

（4）中央7号文件执行效力对学生体质改善的影响及原因

2007—2020年，中央7号文件已提出13载，虽然它已被新的文件所代替，渐渐淡出人们的视野，但是仍然不能磨灭它对学校体育发展所做的贡献。中央7号文件曾明确指出“533”目标，即“通过5年左右的时间，使我国青少年普遍达到国家体质健康的要求，耐力、力量、速度三种体能素质明显提高，营养不良、肥胖和近视三种不良健康状况的发生率明显下降”。但是时至今日目标并没有达成，青少年体质状况仍令人担忧。有的学者就中央7号文件的执行力做过相关的研究，国家教育督导团对某省20所中小学的政策落实情况调研结果显示，“有的学校初中毕业班、高中毕业班没有开设体育课，有的学校根本没有把全体学生的体育卫生工作纳入学校教育的一部分，30个班级的小学只有一个兼职体育教师，3000多人的高中学校体育器材少有使用的痕迹，20个学校只见到一种体育教学参考资料，一半以上的学校没有体育卫生师资的培训记载”。还有调查发现，超过一半的学校几乎没有开展中央7号文件中部署的任何工作。作为中华人民共和国成立以来我国学校体育领域规格最高的文件，其执行情况尚且如此，更勿论其他政策。可以说，政策执行难是我国学校体育实践中存在的突出问题之一，也是影响我国学校体育改革与发展成效的重要因素。

详细分析中央7号文件未能达到最初目标的原因，可以用纷繁复杂来形容。文件的构想是美好的，现实却是残酷的。如体育课和课外活动的时间仍然无法保障，体育课被占用的现象仍然比较突出；体育教师、场地设施的短缺问题仍然是困扰学校体育发展的重要障碍；中央7号文件中倡导的家庭、社区的加入并未真正奏效，社会力量对学校体育的支持力度仍显不足，最终导致的结果便是青少年的耐力、力量、速度等体能素质没有明显改善，营养不良、肥胖和近视的发生率不降反升。这样的结果不得不引起我们反思，“中国的学校体育到底怎么了？”总的来说，笔者认为主要有以下几个方面。

首先，虽然教育部等部门努力将中央7号文件的各项政策措施进一步细化、具体化，但是在整个文件的落地过程中仍然存在明显的水土不服。

其次，尽管教育部希望通过督导评价等方式促使相关部门将政策落到实处，但仍有学校存有侥幸心理，或由于条件有限等原因，使政策的执行偏离初衷，因此并没有收到好的效果。而有的学校为了应对上级的督导评价，会竭尽所能掩盖自身的不足，并采用造假的方式蒙混过关。从而使这种督导评价完全变了形，走上了形式主义的道路。

再次，由于地方政府或学校对政策文件的认知或态度不同，导致贯彻力度各异，使各个学校体育发展不均衡。执行力度不同，执行效果就截然不同。有的地方政府并没有给予学校体育足够的重视，有的学校也疲于开展相应的体育活动，表面化、形式化现象越来越严重。

最后，政策的执行需要长期的坚持，并结合自身实际进一步创新完善。然而，很多学校出现了“雷声大、雨点小”的情况。前几年由于教育部门的施压，可能会象征性地开展一系列的活动，并在各方面加大投入。但是随着时间的推移，当政策的辐射效力有所减弱的时候，学校等执行主体的积极性和创新性也就随之消退，并没有一贯制地推行和开展下去，造成前期投入的浪费。

同时，领导的变更也会使政策执行出现很大的偏差。由于领导者的认识和价值观不同，以及工作重心的差异，必然会使学校体育工作的连续性受到影响。

从教学的实施者——教师的角度出发，也会发现教师对文件政策的认识、态度和看法等也影响政策执行的效果。由于教师队伍水平参差不齐，执行效力自然不同。更重要的是，鉴于体育的副科地位，体育教师的工作积极性严重受挫，仅局限于完成一般的教学任务，避免学生出现严重的运动伤病。至于如何提高课堂的教学质量、帮助体质差的学生进一步提高体质水平等也都动力全无，最终导致学生体质水平每况愈下。

与此同时，从政策本身来说，中央7号文件虽然是中华人民共和国成立以来最高规格的学校体育纲领性文件，但对执行者的约束力较小，执行动力和执行效果也不尽如人意。

当然，政策的执行还需要完善的外部环境的保障。充足的人力、物力、财力、信息等资源都是确保政策顺利执行的因素。但是我国学校体育发展所需的各类资源都严重不足，教师、场地的短缺，经费来源单一等问题都是困扰学校体育开展的重要因素。诸多学校还面临“心有余、力不足”的尴尬局面。

综上所述，导致青少年体质下降、学校体育工作成效不足的因素错综复杂，有政府、学校等执行部门的原因，也有教师、学生或家长等执行主体的原因；有内部原因，也有外部原因；有执行角度、执行深度的原因，也有执行力度、执行尺度的原因，文件制定的初衷和目标并没有实际实现。为此，中央53号文件应运而生。

2.《关于进一步加强学校体育工作若干意见的通知》

（1）《关于进一步加强学校体育工作若干意见的通知》出台的背景

2012年10月，国务院办公厅转发教育部等部门发布的《关于进一步加强学校体育工作若干意见的通知》，它也成为继中央7号文件之后颁布的另一个重大的、高规格的学校体育工作文件。这一文件的出台与中央7号文件有着紧密的联系。2012年，正值中央7号文件颁布5周年，也为中央7号文件设置了5年的发展目标。为了继续贯彻中央7号文件的方针，更加切实地改善青少年的体质健康水平，需要进一步出台更加具体、可行的文件。

除此之外，中央53号文件的出台还与国家的重视和体育人的努力息息相关。全国政协十一届五次会议第四次全体会议上北京体育大学杨桦校长的发言得到了国务院有关领导的重视，并为此作出重要的批示，要求相关部门高度重视青少年体质问题，并努力完善法规措施，提供必要设施，采取刚性措施，动员组织社会力量，为青少年体育锻炼提供保障[1]。这一批示对于中央53号文件的诞生起到了决定性作用。而中央7号文件成果展示活动的开展又成为中央53号文件颁布的直接推动力。

当然，中央53号文件的出台还不得不提及2010年《国家中长期教育改革和发展规划纲要（2010—2020年）》的颁布实施。十年规划纲要是21世纪以来首个中长期的规划纲要，为我国教育事业的发展指明了方向。体育作为整个教育事业的组成部分，也明确了自己的使命和担当。

综上所述，中央53号文件就是在这样的背景下颁布的。

中央7号文件实施5年来，对学校体育的发展做出了重大贡献。但是我们也必须看到学校体育工作中存在的问题，“学校体育仍然是素质教育和学校工作的薄弱环节，区域发展还不平衡，学生体质健康水平离中央要求还有一定的差距，体育卫生教育办学条件亟待改善，体育教师缺乏、经费投入较少，推进体育工作的长效机制有待健全等。这些问题严重影响学校体育工作持续健康发展，严重影响教育方针全面落实”[1]。

（2）中央53号文件的主要内容

中央53号文件主要包括五个部分17条内容。

第一部分主要是从国家层面和教育角度分别来描述学校体育工作的重要性和迫切性，以引起相关部门和人员的重视。

第二部分主要阐述了学校体育的总体思路和主要目标。总体思路为以“增强学生体质”为学校体育工作的基本目标之一，通过三个“加强”（加强政府

[1] 刘海元，唐吉平.《关于进一步加强学校体育工作的若干意见》起草过程及内容的解读［J］. 体育学刊，2014，21（2）：13.

统筹，加强条件保障，加强监督检查），确保学生体育课程和课余活动时间，切实提高学校体育质量。这是当下学校体育工作的重点，从而实现三个“基本机制”（基本形成学校体育持续健康发展的保障机制、基本建成科学规范的学校体育评价机制、基本形成政府主导、部门协调、社会参与的学校体育推进机制）。时间节点为“十二五”末期。

第三部分为加强落实学校体育的重点任务，分别阐述了体育课、体育教师、体育设施和体育安全四个方面的任务中心和目标责任。

第四部分主要涉及从“部门、学校、学生、升学、评估和公示”等方面建立健全学校体育的监测评价机制，利用奖惩制度来调动相关部门和个人在文件执行方面的积极性。

第五部分为加强对学校体育的组织领导。给各级政府、教育、发改、财政和体育等部门和学校及校长提出要求，要求他们从组织、经费、行动计划、督查、奖惩和环境等方面为学校体育工作提供全面的保障。

（3）中央53号文件对中央7号文件的推动与创新

详细分析中央53号文件的条款，与中央7号文件涉及的方面基本相同。但是由于中央53号文件是对中央7号文件的深化，所以通过比较分析，发现中央53号文件对中央7号文件的贯彻实施具有一定的推动作用，主要体现在以下几个方面。

第一，中央53号文件提出的三个“基本机制”成为学校体育工作的新机制。从保障机制来说，场地设施和教师是开展学校体育工作最基本的保障，必须在努力改善“两保障”上下足功夫。从评价机制来说，学生体质水平的提高是衡量一切工作的最终标准。如若学生体质没有明显的好转，开展的任何工作都是无效和徒劳的。从管理和推进机制来说，在我国现有的国情下，学校体育工作的开展离不开政府的大力支持和推进。因此，政府部门应当承担起必要的责任，全面推动学校体育的改革和创新，从而实现增强青少年体质的基本目标。

第二，在体育课程和课外体育活动方面，首先要做到的是时间的保障。①“每天1小时的校园体育活动”“不挤占体育课和校园体育活动时间”是中央7号文件早已提及的。这次又再次重申强调，一方面体现出时间的重要性，而且明确指出1小时的时间是需要在减轻课业负担的前提下进行体育锻炼，而不是在繁重的课业压力下再增加1小时的体育锻炼。另一方面体现出问题的严重性，虽然只有短短的1小时，但是很多学校仍然无法落实，所以必须再次强调以引起更高的重视。②为了保证体育教师能够有效落实文件要求，需要其发挥主观能动性将顶层的文件思想与当地或学校的实际情况相结合，开展切实有效的体育课，而不是拿着“课标”或“教材”想当然地上课。因此文件中提出“要因地制宜制订并落实体育与健康课程的实施方案，在地方课程和校本课程中科学安排体育课时”。③“各级各类学校要制订和实施体育课程、大课间（课间操）和课外体育活动一体化的阳光体育运动方案”，这一条款主要是为了解决体育课、大课间和课外体育活动内容不一致、不统一的问题。运动技能的学习单靠体育课是无法全面掌握的，需要利用更多的业余时间进行巩固练习，如大课间和课外体育活动时间。所以，文件提出了三者一体化发展的思路。④文件还明确要求建立学生体育竞赛机制，引导学校合理开展课余体育训练和竞赛活动。这是一大亮点，目的是希望通过体育竞赛来培养学生的兴趣，激发学生参与体育的动力。还可以通过体育竞赛或体育活动来培养学生的意志品质，发挥体育提高身体素质之外的其他价值。

第三，提出了“三基教学目标”，即“基础知识、基本技能和有效方法”。还明确提出了“每个学生学会至少两项终身受益的体育锻炼项目”的目标。这是中央7号文件未曾提及的。青少年参加并长期坚持体育锻炼的基本前提就是能够掌握一定的体育技能，并从中受益。然而，体育锻炼需要讲求科学性，盲目的模仿并不能有效提高身体素质，反而极易造成运动损伤。因此，不仅要掌握技能，还要做到知其然也知其所以然。为此，文件专门提出了“三基的教学目标”，这一目标的提出也为体育教学提供了新的方向和目标。

第四，在教师配备和培养方面也有了新的举措。首先是要配齐专职体育教师，要通过多渠道进行教师的配备，以解决教师短缺带来的一系列问题。文件提出要“鼓励退役优秀运动员按照有关规定从事学校体育工作”，这是一种全新的思路，也是体教结合的新路径。同时，文件还专门就贫困地区和农村的体育师资问题作出指示，即“扩大免费师范生和贫困地区定向招生专项计划中体育教育专业招生规模，完善农村学校教师特岗计划补充体育教师的机制”。更为重要的是，为了调动广大教师的积极性，文件明确指出“在职务评聘、福利待遇、评优表彰等方面与其他学科教师同等待遇。对体育教师组织学生开展课外体育活动以及组织学生体质健康测试等，纳入教学工作量”。这一举措如若有效落实，可以更好地激励体育教师。

第五，在学校场馆设施的建设方面，首先，场馆设施的建设有了新标准，即《国家学校体育卫生条件试行基本标准》《中小学校体育设施技术规程》及相关学校建设标准和技术规范。在这些标准或规范的约束下，中小学在场馆设施建设方面的目标更加明确。其次，努力攻克场地设施建设的薄弱环节，如加大对义务教育阶段，尤其是农村义务教育阶段学校的扶持力度，推动全国学校体育设施和器材逐步达到国家标准。最后，实现场地设施的共享，发挥公共体育场馆和运动设施公共服务产品的性质，缓解场地设施紧缺的现象。

第六，为了解决体育参与中的运动风险问题，专门修订完善了《学校体育工作条例》和《学校卫生工作条例》。鼓励基层单位努力构建安全教育培训、活动过程管理、保险赔付的学校体育风险管理制度，依法妥善处理学校体育意外伤害事故，并要求落实到人，明确责任。有效减轻基层学校的负担，尤其是减轻体育教师在体育教学过程中的心理负担，有效帮助体育教师放开手脚，大胆地进行各个项目的教学。

第七，以《国家学生体质健康标准》为依据，将学生体质健康测试和评价工作列为学校体育工作的重要内容，并做到全力保障。要求校校必检、年年必检，人人必检，实现数字化、动态管理，并进行分类公布，通知到人。要学生全面知晓自身的身体状况及在同类型人群中的等级，以更加明确努力的方向。除此之外，要发挥好初中毕业升学体育考试的引导和促进作用，将其作为综合评价的重要内容。

第八，加强对中小学体育工作的评估，形成学校自我评估、基层教育部门复核、省级教育部门抽查认定、教育部备案的评估体系。通过这一评估体系，给学校体育工作施加压力，明确不足，责任到位。

第九，文件要求政府部门或学校要将学校体育开课率、阳光体育运动情况、学校体育经费投入、教学条件改善、教师队伍建设和学生体质健康状况等形成《全国学校体育工作年度报告》，这也是一次较大的创新，也是对各级政府的激励和约束。同时，文件还要求将学校体育开展状况向社会公开，尤其是要公布学生阳光体育运动工作方案、基本要求和监督电话，并通过公告栏、家长会和校园网等定期通报学生体育活动情况，提高社会和家长的知晓度。除此之外，将校长任命为学校体育工作的第一责任人，提高校长开展学校体育工作的积极性。“第一责任人”和“政策的具体落实”将成为有效推动学校体育工作的两个关键因素。

（4）中央53号文件的影响

中央53号文件确立了新时期学校体育改革与发展的机制性目标，成为我国体育领域宏观教育机制的又一次突破性的改革尝试。强化了学校体育工作，学校体育的状况得到一定程度的改善，改革取得重要进展，如开课率有所提升；

体育教师的配置、学校体育保障条件逐步改善；学生体质健康标准监测和报告制度持续发力，学生健康干预措施有效推进，青少年体质健康下降的趋势得到初步遏制；学校体育政策法规日趋完备等。之后出台的各项有关学校体育的政策均是依据国家宏观教育环境的变化和学校体育改革的进展而进行的增加、补充。政策的这种渐进调适的发展之路，既满足了学校体育发展所需要的政策创新要求，也较好地保持了学校体育政策的延续性、稳定性。

当前，我们再次审视文件时发现，由于目标的模糊和不可衡量性，“总体”“初步”“基本”等词汇使这一政策在颁布时就注定会出现执行上的偏差。整个学校体育发展的历程也说明了学校体育仍是整个教育事业相对薄弱的环节。与所谓的语数外主科的地位相比，学校体育的地位仍没有得到明显的改善，各级部门和人员对学校体育重要性的认识仍然不足；体育教师短缺、体育课和课外活动时间不能保证、场地设施缺乏等问题依然突出，学校体育评价机制亟待建立，社会力量支持学校体育不够，学生体质健康水平仍是学生素质的明显短板。

反思学校体育改革中存在的问题，应认识到政策执行的经验和教训不容小觑。整个学校体育的发展必然是在不断地总结经验和教训以及改革创新的过程中曲折前行。

3.《国务院办公厅关于强化学校体育促进学生身心健康全面发展的意见》

借着中央53号文件的东风，一系列新的政策文件陆续出台。2014年4月，教育部颁布了《学生体质健康监测评价办法》《中小学校体育工作评估办法》《学校体育工作年度报告办法》，进一步完善了学校体育工作“决策→实施→监测→评估→反馈”的制度体系和运行机制。与此同时，教育部于2014年4月印发了《关于全面深化课程改革落实立德树人根本任务的意见》。其中，规格较高、影响范围较广的当属2016 年印发的《国务院办公厅关于强化学校体育促进学生身心健康全面发展的意见》（国办发〔2016〕27号）。这也说明了国家对于学校体育的重视，体育教育在人才培养体系中的作用也越来越重要。

国办27号文件指出，“到2020年，政府主导、部门协作、社会参与的学校体育推进机制进一步完善，基本形成体系健全、制度完善、充满活力、注重实效的中国特色学校体育发展格局。”为了有效实现这一目标，政策的贯彻实施需严格遵循四大原则，即“坚持课堂教学与课外活动相衔接；坚持培养兴趣与提高技能相促进；坚持群体活动与运动竞赛相协调；坚持全面推进与分类指导相结合”。

与以往的文件类似，国办27号文件也从六个方面用18条具体内容全面部署了学校体育工作的具体要求。从政策条款的细节可以看出，该文件较之前的文件更加具体。通过整理分析发现，国办27号文件的变化主要体现在以下几个方面。

第一，文件是以《国家中长期教育改革和发展规划纲要（2010—2020年）》为依据，最终的时间节点为2020年。是继中央53号文件，国家对2016—2020年学校体育发展的长期规划。在这一规划中，学校体育发展的目标也由之前的“增强学生体质”转变为“天天锻炼、健康成长、终身受益”。虽然最终目标仍是增强学生体质，但更加凸显过程的重要性和坚持的理念，以及对于终身体育思想的推广，体现了思想观念的转变，更加注重学生兴趣的培养，以及终身体育习惯的培养，凸显了“健康第一”的理念。同时，更加注重发挥体育在健全学生人格、进行素质教育方面的作用。

第二，文件明确了“坚持课堂教学与课外活动相衔接；坚持培养兴趣与提高技能相促进；坚持群体活动与运动竞赛相协调；坚持全面推进与分类指导相结合”的四大原则。从中可以看出学校体育发展理念的重要转变，强调学校体育的多元发展路径，更加注重课外体育活动、兴趣培养、运动竞赛和分类指导在推动学校体育发展中的作用。

第三，文件描述了5年时间内学校体育应当实现的基本目标。分别从办学条件、体育课时、锻炼时间、教学训练和竞赛体系、体育教学质量、学生体育锻炼习惯、运动技能和体质健康水平、规则意识和合作精神及意志品质培养、政府主导和部门协作及社会参与的推进机制等方面提出要求。但是实现的标准均以“基本”“总体”“显著”“明显”“进一步”来形容，缺乏具体的量化指标，给政策的执行和考核带来一定的难度。

第四，在体育课程方面，首次提出了大中小学体育课程衔接体系；为确保体育课时，“挤占”一词修改为“削减、挤占”，而且提出“增加”体育课时的建议。

第五，在教学水平方面，不仅注重技能的学习，还应注重健康知识教育，对运动负荷也提出了要求。还提出研制运动项目教学指南供全国体育教师使用。学生掌握运动项目的个数由原来的“2项”变为“1～2项”。首次提出了“一校一品，一校多品”的教学模式和残疾学生体育教学要求，更加关注弱势群体，体现教育的公平。通过建立全国教学联盟和全国学校体育研究基地促进体育教学水平的逐步提高。

第六，在课外体育锻炼方面，要求将课外体育活动纳入教学计划、列入作息时间安排。再次重申了1小时校园体育活动的重要性和必要性。值得一提的是，文件对每一学段的课外体育活动都做出了要求，包括幼儿园、职业学校，甚至是寄宿制学校，都提出了“体育作业”的要求。明确了家长、社区在促进学生参与课外体育活动中的责任。还要求开展丰富多彩的活动，如阳光体育系列活动、冬季长跑来调动学生参与的积极性和兴趣。

第七，与中央7号文件、53号文件相比，国办27号文件增加了一项通过训练、竞赛实现“教体结合”的条款。从“体教结合”到“教体结合”，体现了国家迫切希望实现学校体育和竞技体育的相互促进，以及“普及”基础上的“提高”的构想。这里的竞赛既包括校内的班级、年级、全校比赛，也包括更高级别的“县、市、省、国家”四级竞赛。通过各类综合性运动会和全国学生运动会完成竞技体育人才的选拔。

第八，在教学保障方面，主要是教师、设施、经费、风险管理机制及各类资源的整合。尤其是在教师、场地设施和风险管理方面，以往的政策文件也有涉及，但有所不同的是，在教师队伍建设方面将师德建设摆在了首位，并提出不仅要配齐体育教师，还需要增加体育教研人员。兼职体育教师的范围也有所扩大，由之前的优秀运动员扩展为优秀教练员、退役运动员、社会体育指导员和志愿者。体育教师实现全员培训，着力发挥体育骨干和体育名师的引领作用。而国培计划将工作的重点聚焦于中西部乡村和特殊体育教师的培训，以缓解资源分配和学校体育发展不均衡的局面。为了调动体育教师工作的积极性，在工作量的核定、职称评定、福利待遇、评优表彰和晋级晋升等方面都做出了要求，以确保其地位的提高和接受公平的待遇。

在场地设施的建设方面，文件提出了“保基本，兜底线”的原则，充分利用多资金渠道加大支持力度。还专门提出要为体育教师配备必要的教学装备，这是之前的文件没有提及的。除此之外，也鼓励公共体育场馆免费或优惠开放、学校体育场馆在课后或节假日有序开放，并增加了对青少年活动中心、少年宫及户外营地等的利用。

在经费投入方面，之前的中央7号、53号文件都未曾提及，国办27号文件对各级政府、各级教育部门、学校都做出了要求，要求各类预算应切实保障学校体育工作的开展。

与经费投入不同的是，关于体育参与的安全风险问题所有文件都有提及。安全事故、运动伤害是困扰体育参与的重要因素之一。不仅要建立健全风险管理机制，还要加强学生、校长、教师、有关管理人员的培训及场地器材设施的风险管理。国办27号文件首次提出了安全事故第三方调解的方法。

通过整合各方资源支持学校体育发展的做法也是最新提出的要求。整合资源主要是采用“政府购买体育服务”的方式，利用社会力量、专业运动队、职业体育俱乐部、科研院所、社会团体、企业等力量，加强体育交流。

第九，对学校体育工作的评价和监测是衡量学校体育工作开展是否合理、有效的重要手段。国办27号文件主要从考试评价和教学质量评价两个方面入手。考试评价摒弃了之前单一的依靠期末考试成绩进行评价的方法，更加注重过程管理，全面评价，并将其纳入初中、高中学业水平考试。还有体育中考分值增加，将体育成绩作为高考招生重要参考依据和评价标准开始在全国范围内的综合试点。但从人文关怀的视角，应考虑残疾学生的特殊情况。

关于教学质量评价的表述更加简洁明了。一方面，制定运动项目等级评定标准，做到“有标可依”；另一方面，制定监测制度，并定期开展国际级的基础教育质量监测。另外，继续执行体质测试，并对体质测试数据的真实性、完整性和有效性做出要求。鼓励使用现代化信息手段进行监测、报告和公示。

第十，在组织实施方面，要求更加严格。学校体育工作应当成为经济社会发展规划的组成部分，需要制定具体的实施方案。为了更有效地将政策落实，需要打破部门限制，建立联席会议制度，发挥国务院的统领作用，并调动相关部门的合作互通。学校体育工作绝不是教育部门、体育部门两家的责任，需要社会各界的努力。

文件还提出要将学校体育工作成效纳入政府考核指标、教育行政部门及学校负责人业绩考核指标。对于成效显著的给予表彰，而对于不作为的也需要严厉惩罚，达到条件的要实现“一票否决”，并采用约谈的方式对其施加压力，更有效地促进学校体育的发展。

国办27号文件的颁布为2016—2020年学校体育的发展做出了部署和规划，条款的设计更加注重人文关怀、更加细致全面，对相关责任部门、责任人的约束力更大，奖惩力度加大，旨在全方位保障学校体育的发展。现如今，学校体育的发展的确取得了可喜的成绩。体育课被挤占、削减情况减少，体育教师的配备更加完善，体育场地设施的建设更加完备，体育在中考中所占的分值逐步提升，体育纳入高考的呼声愈加强烈，尤其是不同部门、群体对体育的认知有了明显的改善等。

然而，不得不承认的是，当前学校体育的发展距离我们设置的目标还相差甚远，孩子们对体育参与的兴趣仍有待提高，学生体质改善仍不明显，学校体育课的开展仍存在形式主义，体育教师的地位还有待进一步提高，家庭、社会力量对学校体育的支持力度仍显不足。学校体育的发展仍然困难重重，不容乐观。在这样的背景下，2020年，党和政府连续出台了两份关于学校体育发展的文件——《关于深化体教融合促进青少年健康发展的意见》和《关于全面加强和改进新时代学校体育工作的意见》。两份文件引起了全社会的极大关注，也预示着新一轮学校体育改革的号角吹响了。

4.《关于深化体教融合促进青少年健康发展的意见》

2020年，有关青少年健康促进方面最值得关注的文件是《关于深化体教融合促进青少年健康发展的意见》。之所以备受关注，是因为它提出了"体教融合"的概念。由之前的"体教结合"再到"教体结合"，此次提出的"体教融合"也预示着学校体育发展的春天到来了。

为了贯彻落实习近平总书记关于体育强国建设的重要指示和全国教育大会精神，推动青少年文化学习和体育锻炼协调发展，促进青少年健康成长、锤炼意志、健全人格，培养德智体美劳全面发展的社会主义建设者和接班人，2020年4月27日，中央全面深化改革委员会第十三次会议审议通过了《关于深化体教融合促进青少年健康发展的意见》（以下简称《意见》），并于9月21日发布。体教融合概念的提出是对新时代我国教育和体育工作的全面部署和顶层设计，对于我国学校体育的改革与未来发展具有重要的指导作用。

关于体教融合，从字面意思上可以看出是体育和教育事业的融合，是通过挖掘体育促进青少年身心健康及其全面教育功能，而在不同类型、层级学校及其高水平运动队和各级各类体校、社会体育组织等多元化主体，实施兼顾青少年文化教育和运动训练的一种全领域、全方位、全视角的培育青少年体育后备人才和促进全体青少年健康发展的治理机制[1]。从本质而言，体教融合就是把竞技人才的培养（体）融入国民教育体系（教）之中[2]，实现"普及"基础上的"提高"。

体育应当融入国民教育体系中，使学校体育面向每个个体，以教育为本，做好体教融合工作。但在以促进青少年健康发展为政策目标的指引下，体教融合政策体系的时代性、全面性和前瞻性已突破体育和教育事业的诠释范畴，更需要青少年健康发展全领域、全视角、全方位的融合。因此，破解体教融合体制和机

[1] 柳鸣毅，龚海培，等. 体教融合：时代使命·国际镜鉴·中国方案［J］. 武汉体育学院学报，2020，54（10）：6.

[2] 王登峰. 新时代体教融合的目标与学校体育的改革方向［J］. 上海体育学院学报，2020，44（10）：1.

制上的障碍，不仅是以学校创建高水平运动队和给运动员补足文化教育不足为目标，而是以体教融合推进社会各界对体育教育理念的认知和实践为目标，推动政府、社会和市场在青少年健康发展过程中的全领域、全阶段和全视角的融合[1]。

通过对《意见》的分析解读，可以清晰地看出国家对青少年健康问题的高度重视和认知的改变。充分体现了党和国家努力解决运动参与和文化学习之间的尖锐矛盾和纠正长期存在的错误观念的坚定决心。长期以来，文化学习和运动训练的尖锐矛盾一直是阻碍青少年参与运动的因素，人们的错误观念根深蒂固。实际上多项研究证明，体育锻炼不仅不会耽误学习，还会在一定程度上促进学业成绩的提高，同时让学生在锻炼中接受课本上永远学不到的知识，这种教育模式无可替代，独具特色。文件根据“一体化设计，一体化推进”的原则，从八个方面提出了37条措施。

（1）加强学校体育工作

纵观《意见》八个部分的内容，几乎都涉及学校体育工作的部署（“学校”一词被提及39次）。由此可见，《意见》所针对的执行对象就是青少年、学生，落脚处在学校，即政策执行的场域为学校。因此，学校体育工作是实现体教融合的根基，是提高青少年健康素质的关键环节。学校体育工作是改善青少年体质健康水平的基础工作。学校也必须成为实施青少年健康促进政策的主阵地，但不是唯一阵地。根据《意见》对学校体育工作的部署安排，以及与之前的政策文本对比发现，《意见》呈现出了很多变化。

第一，有关学校体育工作的部署和规划充分体现了学校体育工作将来的工作重点是在巩固学校主阵地的前提下，保证体育课顺利高效开展。体教融合的实现虽然需要多个执行主体参与，但是学校体育才是根，只有根系发达，才能建立起强大的后备人才库，才能实现竞技体育发展的良性循环。只有实现了更多人的体育参与，甚至是全员参与，才能有效改善当前青少年的体质现状，培养出健康成长的国家栋梁。

第二，在体育课时方面，以往的政策对体育课时的要求一般是“不得挤占”“不得削减、挤占”，但《意见》首次提出了开足开齐的要求，有效保证了体育课量的达标。而在质的要求方面，开展体育课的目标不仅局限于“增强

[1] 柳鸣毅，龚海培，等. 体教融合：时代使命·国际镜鉴·中国方案［J］. 武汉体育学院学报，2020，54（10）：6.

体质”，而是要实现“乐趣、体质、人格、意志”全方位的提高，从而更加凸显体育的教育价值。

第三，《意见》又对课余训练和体育竞赛的开展提出了要求。事实上，之前的文件也都涉及该方面的内容，但是《意见》旨在逐步拓展学校体育范畴，打破壁垒，引入社会资源为学校体育发展服务，以弥补因学校资源紧张而无法有序高效地开展体育活动。诸多专家对体教融合的解读，大都将目标的实现寄托于完善的学校体育赛事的开展。校内、校际比赛，各种夏令营活动，区域乃至全国的比赛等各种形式的体育竞赛共同构建出完善的竞赛体系，以比赛来带动学生参与的积极性和兴趣，同时通过比赛培养人才、发现人才、选拔人才。

第四，必须肯定体育教师在开展学校体育工作，实现体教融合过程中的主体地位。体育教师的工作积极性和工作效率直接决定最终目标的实现程度。在以往的文件中，也都提到将体育教师参与课外辅导和组织竞赛活动的课时与工作量纳入补贴范畴，但并未要求出台相应的政策。《意见》明确了通过制定政策的方式来达到目标，真正调动体育教师工作的积极性，从而提高业余训练水平，让更多学生有更多机会参与到有专业人员指导的训练中去，增强训练的科学性和安全性。

第五，学校体育工作的监督评价是以往各项政策都会提及的重要内容。每一次文件的出台也都有新的举措和方法，如“一票否决”“约谈”“校长责任制”等做法，但是政策实施的效果并不令人满意。导致这一状况最重要的因素在于学校体育工作的开展、政策执行都没有上升到法律的层面，只是给出意见和建议，缺乏执行的约束力。《意见》中提出要健全法律体系，是非常重要的举措。学校体育工作的监督评价不是教育部门单个部门的事情，而是要与体育部门合作共同制定，也能产生较强的约束力。

第六，从《意见》中我们也不难看出国家对三大球发展给予的关注。政策希望通过学校体育的基础作用，为三大球的发展源源不断地输送人才。在升学出路畅通的机制下，从动机上鼓励更多的青少年从事三大球运动，并通过高校培养更优秀的专业人才服务于三大球。即实现高层次专业人才培养和基层人才输送的双丰收。

除此之外，最值得关注的方面在于通过考试撬动青少年的体育参与热情和积极性。无论是提高中考体育分值还是将体育纳入初高中学业水平测试、启动体育素养在高校招生中的使用，都是希望利用考试手段引起各方（尤其是学校领导、家长和学生）对体育参与的关注度和重视程度，并将其付诸行动。这种参与是一种被动参与或是或然参与，是一种不得不的参与，并不是政策制定者的最终目的。然而，没有被动参与就没有主动参与，没有或然参与就没有当然参与。这一过程的转变或最终目标的实现，需要时间和实践的推动和助力，让学生在体验中逐渐感受到体育参与的乐趣，让体育参与成为生活中不可缺少的一部分，进而由被动变主动。

总之，在促进青少年健康的道路上，学校体育的基础作用毋庸置疑。但是，也必须一改之前的传统思维，吸纳更多力量辅助学校体育工作的展开，要想获得学校体育工作的成效，则要触及到各方的利益痛点，否则仍将原地踏步，考试似乎成为最行之有效的手段。然而，如何考？考什么？如何公平公正地考？这仍需细致研究。

（2）完善青少年体育赛事体系

加强青少年体育赛事工作是对以往学校体育认识的一次重大突破，从简单的放羊式教学转变为强调体育竞赛的重要意义与实践价值。教育部前部长陈宝生在2018年12月全国学校体育美育工作贯彻落实全国教育大会精神推进会上曾经提出“要组织开展全员参与的体育竞赛活动，无赛不成体育”。中国篮协主席姚明也曾提出：“体育高考应该怎样展开？做出有价值的，属于学校的赛事，就是最好的体育高考”。因此，要搞活青少年体育赛事，吸引更多的青少年参与其中，让孩子们在赛事的磨炼中成长，增强体质，并养成锻炼的好习惯。

《意见》对于青少年体育赛事的构想要做到“统一”，统一资格和拟定学生的赛事计划、统一认证和评定运动水平等级，以及统一认可和纳入奖励评估机制。原来的青少年体育赛事走的是两条路线，一是由体育部门组织的全国青少年赛事（包括几乎所有的奥运项目、亚运会项目及民族传统体育项目等），二是由教育部门组织的全国学生赛事（旨在普及覆盖学校广泛开展的运动项目）。两条路线赛事的开展思路截然不同，目标也有较大区别。总的来说，就是两者各自发展，各自为政，甚至为了某些利益而产生冲突。导致的结果就是使竞技体育的人才输送通道严重不畅。以体校为主的竞技体育人才培养模式遇到了发展中的巨大瓶颈。由于运动员的退役后路狭窄，家长和青少年从事体育的热情不高，竞技体育人才输送匮乏，出现青黄不接的现象。而教育部门开展的体育赛事因为没有更畅通的向上输送渠道，学生的参与率也比较低，积极性严重不足。从而导致两条路线赛事开展的状况都不尽如人意。此次改革旨在打破两条路线间的壁垒，逐步实现两者的协调统一，加强体育部门与教育部门的合作。既能奠定竞技体育发展的学校基础，源源不断地输送人才，又能使学校范围内的体育精英能够有机会参与更高级别的赛事和进行锻炼，从而更有效地调动学校，尤其是家长和学生从事体育的积极性。

正如钟秉枢教授在《体教融合背景下青少年体育赛事体系完善的路径研究》一文中提及的，“体教融合后青少年体育赛事体系成为促进青少年健康发展的着力点，统筹把握和处理好体育竞技和表演参与、竞技提升和健身休闲、后备人才培养和学生体育参与协调发展的相互关系，把核心价值锁定在让体育竞赛中所传达出的公平竞争、勇于拼搏、团结协作、永不放弃的精神感染每一位青少年，通过参与竞赛让青少年享受体育带来的乐趣，在竞赛中提高体质健康水平，锤炼意志，健全人格”[1]。这是一种美好的规划也是接下来青少年体育赛事工作需要努力的方向。

（3）加强体育传统特色学校和高校高水平运动队建设

●体育传统项目学校

1983年，《体育传统项目学校试行办法》正式颁布，拉开了体育传统项目学校发展的序幕，至今已近40年。主要是在积极完成学校体育基本工作、开展并普及学校体育活动的基础上，优先选择基础条件较好，有一定传统基础，并具备一定运动水平的体育项目作为重点发展项目，挑选出具有潜力的后备人才进行系统训练和培养，最终实现人才的输送。

在这多年的发展过程中，体育传统项目学校的规模和数量突飞猛进（尤其是建立初期数量激增，但最近几年呈现下降的趋势），形成了以国家级、省级（自治区、直辖市）、地市级三级管理体系为主的管理模式。逐步形成围绕田径、篮球、足球、乒乓器、排球、游泳、羽毛球、射击、棋类、棒垒球、体操、手球等运动项目的传统特色学校（其中前六项运动所占比例较高），成为竞技体育后备人才输送的重要基地。体育传统项目学校为推动我国青少年体育运动的发展，为竞技体育培养后备人才及开展课余体育训练发挥了重要的作用。多次在奥运会、世锦赛、世界杯等国际大赛上斩获佳绩。尤其是在体育部门和教育部门的联合打造下，体育传统项目学校努力实现体教结合，并积极处理普及与提高的关系，发挥了传统校的品牌效应和骨干示范作用。

[1] 钟秉枢. 体教融合背景下青少年体育赛事体系完善的路径研究 [J]. 体育学研究，2020.10.

经过多年的摸索和实践，当前体育传统项目学校在不断地创新运行模式，除了单独发展的模式，体育传统项目学校还积极与青少年体育俱乐部、体育俱乐部、体校专业运动队、高水平运动队及全国培养体育后备人才试点学校联办，形成了具有鲜明特色的发展道路。不同级别的运动员被输送到初中、高中、体校、高水平运动队或高校，建立起了一定的输送渠道。

但是我们也必须看到，随着社会的发展，体育传统项目学校的发展也遇到前所未有的挑战，比如小学—初中—高中体育人才选拔和培养渠道不畅通、学训矛盾等问题已经严重制约了体育传统项目学校的发展。因此，《意见》对体育传统特色学校的发展提出了新的思路，要求“教育、体育部门联合评定、联合开展竞赛和师资培训工作，教育部门打通优秀运动员上学的通道，体育部门吸纳更多的学生参与各类集训，为学生提供更多的场馆设施等”。总之，体育传统特色学校的发展模式必须做出改变，需要体育和教育部门携手打好体育传统特色学校这张牌，让体育成为一种校园文化，让更多优秀的学校、优秀的学生脱颖而出，让更多的学生参与到体育锻炼中。

● 高水平运动队

除了分布于中小学的体育传统项目特色学校，高水平运动队又是活跃于高等院校的体育人才培养和输送基地。高校是人才培养的重要基地，也担负着学校体育人才培养和为大体育发展服务的重担。对比国际上发达国家的高校体育发展之路，无不充分发挥了高校在推动本国体育发展方面的作用。一方面，高校是诸多优秀体育人才向往的地方，另一方面，大学时青年学生正处于黄金年龄，如果有机会在学业有所保障的前提下，还能充分挖掘和发挥自己的体育专长实现人生更高的目标，这绝对是“双赢”的事情。所以成立高水平运动队既能吸引高水平的运动员进入高校，壮大高校的竞技队伍，提升高校体育竞技水平，同时能为因为锻炼学业成绩不够理想的运动员提供一条出路。

在这样的背景下，1987年，国家体委颁布了《关于部分高校试行招收高水平运动员的通知》，紧接着又颁发了《关于部分普通高校试办高水平运动队的通知》，自此高水平运动队的发展拉开了序幕。高校高水平运动队的数量迅速增长，由最初的51所高校到2020年的283所高校。招收高水平运动员的高校数量、招生规模及比赛数量都有了全面的提升。在做好高等学校体育教育的本职工作外，各个高校积极制定高水平运动队的招生和管理办法。这实际上也是体教结合的产物。

经过30余年的发展，高水平运动队取得了令人瞩目的成绩，队伍规模不断扩大，涉及的运动项目也愈加广泛，竞技运动水平逐步提高，形成了一定规模的大学生自己的联赛，制度和管理条例在实践中不断改进、完善。然而，高校高水平运动队也出现一系列的异化现象。首先，从目标定位上来说，诸多高校在高水平队伍的建设上存在目标模糊、定位不明确的问题。《教育部、国家体育总局关于进一步加强普通高等学校高水平运动队建设的意见》指出："普通高等学校建设高水平运动队的目的是为国家培养全面发展的高水平体育人才，目标是完成世界大学生运动会及国际、国内重大体育比赛的参赛任务，为国家奥运争光计划和竞技体育可持续发展做贡献。"但是这一表述过于宽泛，不能量化、评价。其次，无论是运动员的等级认定还是运动员的文化素质，制度方面存在严重的漏洞，运动员参与的比赛次数也比较少，没有形成灵活的市场，运动员以赛代练的机会并不多（比赛仅限于4年一次的全国大学生运动和每年1次或两年1次的单项全国锦标赛及为数不多的地方性赛事）。按照高水平运动队建设的最初构想，高校培养的大学生运动员应当成为向国家输送人才的重要渠道，然而随着发展的推进，这种输送变了形，很多退役的奥运冠军或体校的专业运动员被充实到高校，代表高校参加大学生的联赛，还有"冒名顶替"或"挂靠"等违规现象。

这些现象产生的最根本原因在于"唯金牌论"的思想。按照常理，竞技比赛的确应当关注运动成绩，然而高水平运动队的发展越来越执着于成绩，而忽视了对运动员的全方位培养，有的时候也可能因为成绩而采取一些不公平的手段，从而让高水平运动队的发展离体教结合的最初目标渐行渐远。除此之外，为了体现出运动队的"高水平"，很多体工队的专业运动员被招收进高水平运动队，使很多优秀的学生运动员丧失进入高水平运动队的机会，而最终导致高水平运动队成为体工队的"收容所"，与最初的构想背道而驰。

综上所述，无论是体育传统项目学校还是高水平运动队的建立都是为了实现体教结合，打通体育部门和教育部门间的壁垒而做的有效尝试。但是随着社会的发展，这两种形式越来越不符合现实的需求，需要重新洗牌整合，让其朝着更加健康的方向发展。

此次《意见》的出台就明确要求体育和教育部门的联合，共同应对出现的各种问题，避免一家独大或利益的倾向化。体育传统项目学校、普通高校高水平运动队及中小学学校体育其实应当成为一条发展线，三者只是处于这条发展线的不同阶段。其中，中小学体育课是三者的基础，而传统项目学校是在中小学学校体育的基础上优选出的特色课程，通过更加密集和专业的训练与比赛，实现普及基础上的提高，发挥示范带头作用，利用有限的资源集中力量发展更有潜力的项目，从而吸引更多的学生积极加入。而普通高校的高水平运动队则是三者中的最上层，进入普通高等学校高水平运动队是中小学内尤其是传统项目学校内所有具有体育才能的学生努力实现的目标。这三者之间是无缝衔接、道路畅通的，而且经过层层选拔，实现良性的优胜劣汰。

之前由于部门间的利益矛盾，三者之间并没有形成良好的层级关系，也存在严重的发展壁垒。接下来，理顺关系，打破壁垒，是极为重要的工作。

（4）深化体校改革

除了体育传统项目学校和高水平运动队，业余体校也是业余体育训练的主阵地，是竞技体育人才培养的主要途径。1955年，当时的国家体委在借鉴学习国外经验（尤其是苏联）的基础上，在上海、北京、天津三个主要城市试点成立了3所青少年业余体校。1956年，扩展到全国，并进一步颁布了相关的文件条例（《青少年业余体育学校章程（草案）》《少年业余体育学校章程（草案）》），更加规范了青少年业余体校的发展。

所谓业余体校，主要是利用业余时间对青少年进行专项运动技术的训练，以不断提高其运动技术水平，进而为优秀的运动队和各级代表队培养新生力量，同时为基层培养专项运动技术骨干，推动群众体育的普及和提高[1]。1978年，在此基础之上，进一步形成了基层运动队（中小学）—普通业余体校—重点业余体校（体育运动学校）—优秀运动队逐层衔接的四级训练网，也培养出了很多的优秀运动员征战各种国内外大赛。

但由于一味地追逐运动成绩，忽视对文化知识的学习，业余体校的运动员普遍存在学业成绩差的问题。同时因为竞技体育成材率极低的现实，运动员退役后出路狭窄。业余体校的发展面临巨大的挑战。所以，体教结合的呼声愈加强烈，体育传统项目学校和高水平运动队逐步建立起来，旨在解决业余体校严重的学训矛盾问题。

事实证明，经过几十年的实践，最初的构想并没有实现，业余体校、体育传统项目学校及高水平运动队内的运动员仍面临着严峻的挑战。此次文件的出台致力于解决这一关键性问题，实现二者互通有无，让中小学与体校进一步融合，发挥普通中小学的教育资源优势和体校的专项技能优势，实现两者的融

[1] 孙岩，马襄城. 我国业余体育训练的历史发展及现状［J］. 体育学刊，2003，10（3）：110-111.

合，走出之前各自为政的局面。

（5）规范社会体育组织

为了更有效地贯彻《全民健身纲要》，调动青少年群体参与体育锻炼的积极性，推动素质教育的开展，切实解决青少年体育场地的建设问题，国家体育总局于2000年下发了《关于进行青少年体育俱乐部试点工作的通知》。自此，国家体育总局利用体育彩票公益金的财政支持，在借鉴和学习发达国家青少年体育发展经验的基础上，开始进行青少年体育俱乐部的建设工作，以更好地促进青少年体育工作的开展，满足青少年的个性体育需求。

首先，在全国16个省市进行青少年体育俱乐部的命名工作。拉开了青少年体育俱乐部建设的序幕。青少年体育俱乐部的最初定位是在体育彩票公益金的捐赠下，依托有条件的社区、体育场馆、各级各类业余体校、中小学校及基层项目协会等发展相对完善的事业单位，充分挖掘已有的社会资源，以最少的人力、物力成本取得尽可能大的社会效益、经济效益，最大程度上促进青少年体育发展。因此，青少年体育俱乐部是具有鲜明公益性质的社会基层组织，包括综合性青少年体育俱乐部和单项青少年体育俱乐部，目的是要培养青少年的体育兴趣和爱好，传授运动技能和锻炼知识，并最终促进青少年养成终身锻炼的习惯，增强体质，发现并培养体育人才。经过多年的发展，青少年体育俱乐部的发展取得了一定的成效，成为学校体育的有效延伸和重要的辅助力量。

但由于我国的国情和经济发展的制约，我国青少年体育俱乐部的发展与最初的构想渐行渐远。最突出的矛盾体现在其公益性与生存性上。虽然国家将青少年体育俱乐部定位为公益性，但是俱乐部如果仅靠政府的资金也很难继续维持或高质量完成促进青少年体育参与的目标。事实上，体育彩票的公益支持也只适用于俱乐部建立初期，后期仍需俱乐部发挥自身的能力尽可能实现自主经营和利益的最大化。所以，青少年俱乐部也需要进一步的市场化，实现公益性和经营性的统一，来适应市场化的大环境。

其次，青少年体育俱乐部的产权归属仍是急需解决的重要问题。虽然最初是政府行为，但是政府不能过多干涉俱乐部的运营，否则会影响俱乐部自身的积极性。但是当前俱乐部的运营很大程度上还依赖政府，他们的手脚被牵绊。另外，青少年体育俱乐部生存面临的巨大挑战在于对其他事业单位的依托。由于要满足事业单位的场地或人员所需，青少年体育俱乐部的发展非常被动。当前大多数俱乐部面临的最大困难是场地的限制。尤其是球类需要较大面积场地的项目受限更为严重。

随着俱乐部的进一步发展及青少年需求的不断变化，青少年体育俱乐部仍面临着巨大的发展困境。不得不承认的是，青少年体育俱乐部在推动学校体育发展、增强青少年体质方面具有十分重要的意义，如何调动这些社会基层组织的力量为青少年体质健康提供服务，是一个十分值得研究的课题。当前，人们普遍认可的途径是由学校购买体育俱乐部的服务，作为学校体育发展的有效补充。

在实践过程中，有的俱乐部非常愿意跟学校合作，甚至是免费提供各类服务，但很多俱乐部假借免费的幌子达到招生的目的。所以，如何避免免费服务背后隐藏的商业广告是诸多学校担忧的问题。也进一步阻碍了俱乐部与学校的合作。因此，学校需制定准入制度，同时签署相应的法律条文来约束俱乐部的行为，真正做到为我所用，而非为俱乐部所用，从而改变了合作性质和初衷。

（6）大力培养体育教师和体育教练员队伍

体育教师和体育教练员是促进青少年体育参与和提高体质水平的两个重要力量。但由于体育部门和教育部门的分离，两者无法实现合作。《意见》提及要实现两者的合作与整合，的确是一个明智之举。然而，两者的整合并非简单之举。如若强行拼凑，处理不好两者的利益关系，也会带来一系列的问题。

首先，相比之下，教练员的专项技能水平要高于体育教师，而且训练和赛事经验丰富。但教练员多是退役的运动员，缺乏文化知识，欠缺教育领域所需要的教育学、心理学等学科的理论基础，所以进行学校的体育教学工作是也存在一些缺陷，无法完全胜任。其次，如果退役的运动员或教练员进入学校担任体育教师，在一定程度上会对体育教育专业的学生造成威胁，使本来就业压力就大的体育教育专业学生承受更大的压力。最后，体校和普通中小学面对的教学对象和制定的教学目标是截然不同的，如果由教练员进行教学势必会将体校训练的模式有意无意地增加到一般的教学中去，而这种教学模式或手段可能并不适用于普通的中小学生，教练员向教师转换需要较长的时间适应。

总之，体校与普通中小学的融合应该是一个趋势，但是两者的合作需要协调多方的利益关系，在不影响个人利益的前提下进行合作交流是必然的选择，且合作是建立在优势互补的基础上，绝不是简单粗暴式的拼接和关联。

（7）强化政策保障

● 体育特长生的评价和保障

体育特长生是体育发展的人才库和摇篮。当前体育特长生的出路问题成为影响体育人才库容量的主要因素。由于成材率低和运动损伤频发，使青少年从事体育的积极性受到严重打击。尤其是家长支持孩子从事体育的积极性日益削减。为此，必须打通体育特长生升学通道，解除家长和学生的后顾之忧，否则当前的状况将无法得到有效改善。结合有关体育传统项目学校、高校高水平运动队及专业体校等的分析可以看出，这些措施就是打通这一渠道的勇敢尝试，但是实施效果并不尽如人意，学训矛盾仍不能有效解决。

当前体育生从事体育训练主要是因为文化课成绩较低，而体育生高考对文化课成绩的要求要比其他专业低，所以很多文化课成绩较弱的学生就会在短时期内选择某一体育项目进行短暂强化训练，从而提高高考的成功率。在多数家长看来，如果文化课成绩还有希望，谁也不会选择走体育这条路，除非孩子坚持（但在这个年龄段，多数是由家长代为选择）。也就是说，当前高校里（尤其是综合性或地方性普通高校内）体育专业学生有很大一部分不是因为体育特长走上体育之路，而是因为文化课成绩差而不得不选择体育专业。这种情况导致的最终结果是体育生的体育技能水平低，即使经过四年的专业教育，也很难从根本上改变他们的技能水平，毕业后走上体育教师的工作岗位，他们教授的体育课也很难呈现高水准，从而形成一种不可逆转的恶性循环。

这里的体育特长生除了指普通学校内的体育特长生，也指体校内走专业化道路的体育特长生（运动员）及高水平运动队内的运动员。这些运动员是我国竞技体育的后备人才，他们的技能水平要远远高于普通学生和体育特长生。他们不是为了高考成功而被动选择体育之路，而是因为体育的特长坚持训练，最终希望达到最高竞技水平，实现个人价值，代表省市甚至是国家取得优异的运动成绩。但是竞技体育的残酷性使这些运动员面临着巨大的压力，高淘汰率和运动伤病使绝大多数运动员在实现人生梦想的过程中不得不另谋它路。但由于一直专注于体育训练，他们的文化成绩极差，同时一直生活在运动队这个环境里，他们退役后的选择也很少，无法适应高速发展的社会，面临着巨大的生活压力。

尽管国家一直在努力拓宽运动员的出路，同时出台多项举措确保实现体教结合，但是运动员根本没有太多的精力去完成文化课的学习。为了弥补学习方面的遗憾，很多运动员在退役后会选择走进校园，继续自己的学业，诸多高校也十分欢迎他们的到来。然而，有这样机会的是取得了一定运动成绩的运动员。而那些没有取得较好成绩的运动员，就没有那么幸运了，仍需自己去打拼。

当前提出的体教融合之路，为这些体育特长生们指明了方向。将来的体育特长生应当是真正具有体育特长的学生的选择，而不是一条简单的升学渠道。对于他们来说，体育技能是更加重要的考量标准，是经过多年甚至十几年的努力一步步练出来的真本事，而不是在短期内强化就能成为多数人可以通过的一条升学之道。文化课固然重要，但是文化课不应该成为体育特长生升学的重要牵绊和巨大负担，如果具有超高的运动竞技水平也可以成为大学的敲门砖，如此畅通的升学之道一定能够吸引更多具有体育天赋的孩子走上体育之路，解除他们的后顾之忧。不得不明确的是，竞技是体育的灵魂和核心，体育赛事肯定会占用学习的时间，他们也无法全身心地投入学习中。为此，灵活的学籍和学习环境对于这些高水平的运动员也是非常关键的。

在笔者看来，体育传统项目学校是承接这一使命的较好载体。最初成立体育传统项目学校的目的之一就是希望在着重发展优势项目的基础上吸引更多的青少年参与其中，营造良好的校园文化，从而能在广泛参与的基础上选拔出优秀的学生进行更加专业的训练和学习，即实现普及基础上的提高。但是经过近40年的发展，体育传统项目学校不仅没有实现优势项目的普及，技能水平高的学生也因升学渠道堵塞而未达到有效的提高。但这种模式值得继续改革创新，从而实现最初的目标。

体育传统项目学校当前的症结为各学段间的割裂，如果能够在各个学段间建立起有效的衔接，形成小学—初中—高中—高校畅通的升学渠道，那么对于从事体育训练的体育特长生来说将是一个绝好的机遇。这样家长就可以放心让孩子在低年龄段就全身心地投入训练中，而有了努力的方向，形成了完整的人才培养体系，参与的青少年就会越来越多。

● 体育锻炼场地的灵活运用

当前制约青少年体育发展非常重要的因素之一就是场地不足。作为发展青少年体育的硬件指标，有关政策都明确规定要加强学校体育场地的建设，提高学生人均场地面积。然而，由于学校占地面积的局限性，尤其是一些位于城市中心的老学校，很难在原有的场地基础上拓宽或改善体育场地，学生的人均占有场地面积很难达到政策文件的要求。

在校园内，由于场地的局限性，很多项目难以开展，如足球、篮球等需要较大场地的项目，只能开展跳绳、踢毽子等对场地需求较低的项目。为了避免人员拥堵，有的学校只能按年级轮流使用场地开展教学或运动会，无法承办全校规模的运动会或赛事。如果无法满足一般性的体育项目，就更难保障新颖项目或高场地要求项目的普及和发展。虽然在经济较发达地区，有的中小学配备了具备优越条件的室内体育馆，但占比仍较少，大多数学校能够配备标准的田径场已经是较好的了。在一些经济条件较差的农村，场地设施的配备更不容乐观。

除此之外，广大学生对于课外体育场地的需求也是巨大的。放学后，考虑到学生的安全，很多学校不允许学生留校参加体育活动。虽然会有延时服务等形式的活动，也只是针对少数学生。尤其是在拥挤的城市，即使各类广场公园可供休闲娱乐，但只适用于一般性的娱乐，而不适用于专业性的体育锻炼。因此，急需将一些专业性场馆在课外时间或周末免费或低价提供给广大青少年，让他们能够在一个安全专业的场地内进行体育锻炼。

那么作为营利性的场馆，如果免费或低价提供给青少年，势必会影响他们的利益。而且青少年的课外活动时间和专业场馆的营业高峰时间往往是冲突的，场馆肯定不会无条件免费或低价提供给学生。解决二者的矛盾可以采用政府购买公共服务的方式，政府通过招标选择当地条件优越的场馆承担这一任务，并给予一定的财政支持。不仅能够购买场馆的使用权，也可购买场馆内的专业服务权，让场馆内的专业人员负责技能指导和安全保护工作。

● 发挥体育社会组织、家长、社区的作用

随着政府部门的简政放权，越来越多的社会组织的积极性被调动起来。因此，解决青少年课余时间的锻炼问题还可以有效借助这些积极活跃的社会组织的力量，让他们参与到服务中。体育社会组织是指体育社团（包括项目和人群协会）、体育民办非企业单位、体育基金会、自发性群众体育组织（包括健身活动站点、团队、网络组织等）等以发展群众体育为目的非营利性组织。从体育社会组织的概念可以清晰地看到，体育社会组织涵盖的内容极其广泛，如果能够动用各类体育社会组织，必定能极大地推动青少年体育的发展。

然而，由于体育社会组织在我国的起步较晚，很多工作的开展受到各类条件的约束和限制，所以它们的积极性并没有调动起来。随着社会的进步和市场化的完善，政府逐渐意识到社会组织存在的重要意义，并开始简政放权，赋予他们更多的权力。但是，政府的简政放权也是近几年才开始的，所以体育社会组织服务青少年体育的发展虽然有其必要性和可行性，但是仍面临诸多的困难。青少年体育的发展需要在逐步解决各类问题的前提下，逐步发挥社会组织的力量。尤其是要利用好各项目协会和学校体育联盟、中小学生体育协会等，通过组织单项项目的各类、各级别和层级的赛事，吸引青少年加入。体育的魅力在于它的竞技性和结果的不确定性，要充分调动起青少年的胜负欲、荣誉感和责任心等，让他们在竞赛中接受教育、磨炼意志，享受竞技带来的无穷乐趣。

然而，当前的学校体育赛事多是由少数人参与的精英级别的赛事，并没有真正做到全员参与。绝大多数青少年并没有机会参与到比赛中，严重影响了他们参与的积极性。因此，对于青少年赛事来说，需要设置为符合全员参与的各层级、各类水平的竞技比赛，让更多的青少年有机会参与其中。青少年们需要的是竞技比赛，不是精英级别的赛事。青少年需要参与比赛的机会，这不单单是学校的责任，各项目协会也应将青少年的各类赛事纳入日常的工作中。除了各项目协会，自发性的群众体育组织也应承担一定的义务。虽然当前自发性的群众体育组织多见于群众体育领域，且参与人群主要是中老年人。但是青少年群体也是群众体育领域一个不可缺少的组成部分。虽然青少年无法自发组织体育活动，但可以在家长的监护和协助下组成各类社会组织，让青少年有更多参与体育锻炼的机会和途径。

事实上，在青少年体育发展的道路上，家长的参与和主体地位是不可动摇的。学校是青少年体育开展的主阵地但绝不是唯一阵地，社会组织的力量不能忽视。那么，当前摆在我们面前的、急需解决的重要问题就是如何调动起社会组织的积极性。在笔者看来，要想发挥社会组织的作用，需要将社区作为发展青少年体育社会组织的主要阵地。

由于社区在我国起步较晚，直到今天人们对于社区的认知还比较片面和浅显。所以关于社区的建设，尤其是社区体育的建设仍是比较缓慢和滞后的。相比之下，国外的社区发展已经非常成熟，社区体育作为社区建设的重要内容也形成了一定的规模，作用发挥明显。一些社区体育俱乐部和社区体育公园成为社区青少年体育基本的、有效的组织单位。如在美国，大大小小的依托社区公园建立起来的社区体育中心数不胜数。在这些社区体育中心里，修建了比较完善和多样的健身器材、场地和路径，并配备专业志愿者进行指导服务。青少年们完全可以在放学后或其他业余时间在社区体育中心进行锻炼。有的学校还与社区建立了长期的合作关系，将体育课搬到社区体育中心内进行，同时聘请社区内有一定影响力的教练担任学生的体育课教师。学校与社区实现了完美的融合。

在我国，社区是一个庞大的系统，涉及方方面面繁杂的工作。同时由于社区内的人员配置较少，社区体育工作并没有得到应有的重视。当前，只能将体育工作的重心放在完成上级下达的各项体育任务上，且服务人员多为中老年人。青少年体育工作根本未列入工作清单。由于人们并未形成浓厚的社区归属感，包括社区体育工作在内的各项社区工作，人们的参与度并不高，青少年社会体育组织并未发挥作用。青少年体育参与、体质健康水平的改善仍是教育部门的责任，社区介入程度不高。社区公园等公共场所虽然有健身器材或设施，但是并没有配套适合青少年的体育设施。从而仍呈现出人口密度高，青少年无场地可以锻炼的情况。简单来说，青少年放学后如果要进行体育锻炼，他们只有两种选择，要么付费前往条件稍好的健身场所，要么前往免费的公园。

所以，青少年体育参与率的增加还需要社区承担起更多的责任，可以让孩子们能有更多的机会前往条件优越的地方进行锻炼。这就需要社区整合现有的资源，结合社区实际，发挥政府部门的优越性，在社区内兴建、改建或临建各个项目的青少年体育社区活动中心。

● 体育中考的改革

体育中考是国家应对青少年体质下降所采取的又一项强制性措施，是将学生的体育成绩纳入综合素质评价和中考成绩中，以引起相关群体对体育的重视，是一种被动性的体育参与。其实自宋朝开始，我国社会上就流行着“重文轻武”的现象。而在现代，1977年高考恢复使越来越多的年轻人希望通过高考改变自己的命运，为了能在千军万马中挤过独木桥，他们愈加重视文化课成绩，体育这种非文化课的学科被逐渐边缘化。

高考一直是我国选拔人才的重要模式和渠道，深刻影响着我国的教育模式。其实当前最好的解决办法就是利用高考这根指挥棒来促进青少年的体育参与，为此体育中考应运而生。1990年，《学校体育工作条例》明确将体育纳入考试科目，正式开启了体育中考的序幕。在全国9个省市进行试点，并逐步将经验推广到全国。最初的体育中考并没有在分值上有所体现，而是简单地将其划分为合格与不合格，约束力并不强，政策的实施效果也不尽如人意，学生的体质水平改善效果不佳。为此，教育部、国家体育总局决定采取“加分奖励”的策略，并于1997年专门印发《初中毕业生升学体育考试工作实施方案》，将体育中考的分数限定为30～45分，各省可根据实际情况具体确定加分分数，并将其纳入录取的总分。在此基础之上，1999年，教育部颁发《初中毕业、升学考试改革的指导意见》，明确规定“体育考试分数一般为中考总分的

5%，建议采用过程性评价和终结性评价相结合的方式，过程考试分值占总分的40%～60%。[1]”之后，由于过程性评价暴露出的主观问题日益突出，体育中考的政策需要改革。2007年，中央7号文件对体育中考做出了相关的论述，增加体育的分值。文件中明确提出：“全国组织实施初中毕业升学体育考试，并逐步加大体育成绩在学生综合素质评价和中考成绩中的分量。”2016年，体育与语数外同等重要，成为必考科目，分值在逐步提高。云南省首次将体育中考成绩设定为100分，这也是一次重大的尝试和突破，也可以看出体育中考改革的魄力和打破学生体质下降状况的决心。除了分值上的变化，诸多省份还进行了一些其他形式的改革创新，如引进智能设备避免主观因素的影响等。

但不得不承认的是，这种行动多是被动的应试行为，“考什么教什么，考什么练什么”的现象仍然非常突出。最令人担心的是，由于强制性地实施体育中考政策，使学生产生了严重的逆反和厌烦心理，对于以后的坚持和兴趣的培养不但没有起到促进作用，反而起到反作用。这一问题的解决应当成为政策改革新的方向标。

2020年，体育加入高考的呼声愈加强烈。然而，高考和中考不同的是，高考对个人的影响更加巨大。如果体育中考的模式都没研究透彻，做到公平公正，那么体育高考的实施效果也是完全可以预料的。青少年体质问题是一个系统工程，作为一项国家政策需要考量的因素也是纷繁复杂的。所以，体育高考的实施必须在体育中考模式完全科学化、体系化后，在进一步规避弊端的前提下才能提上日程。简单来说，体育中考是体育高考的试点，体育高考必须在试点完全成功后才能实施。

（8）加强组织实施

青少年体质健康状况的改善离不开政策的支持，而有效的执行，才是解决政策问题最基本、最核心的环节。正如美国政策学者艾莉森所述，在实现政策目标的过程中，方案确定的功能只占10%，而其余的90%取决于有效执行。《关于深化体教融合促进青少年健康发展的意见》是2020年最新颁布的有关青少年健康促进的重磅性文件。这份文件执行状况备受社会关注。如何避免出现以往政策执行过程中“漠不关心，敷衍了事”“形式执行、曲解执行、缩水执行、滞后执行”等现象，如何才能推进政策的高效执行，都是非常值得关注的

[1] 买佳，金光辉，等. 利益相关者视角下体育中考执行现状及实施对策 [J]. 体育学刊，2020，27（3）：81.

课题。因此需要涉及的各部门积极参与，共同解决和应对各类困难和问题。青少年健康状况的改善不仅是体育部门的责任，在社会这个大系统中，需要群策群力，优势互补，才能更有效地执行和实施相关的政策。从这一方面来讲，这绝对是一次大融合，是改变以往部门各自为政的弊端的尝试。

总之，任何政策的出台都有其历史的必然性和必要性，政策的指导是开展任何工作的前提，但政策总归是宏观方面的设计，是一种顶层的规划，所以需要将规划结合国情、当地实际进一步落地。在政策执行方面，比较突出的一个问题就是“雷声大、雨点小”。政策出台时都积极响应，但随着时间的推移，很多政策的执行就变得悄无声息，最终不了了之。这是一种普遍现象，也应该引起高度重视。所以，当政策出台之后，必须严格监督，落实各方责任，让地方结合实际逐条将各项政策落实到位，由上一级部门定期进行评价、监督。同时，可引入第三方监管的方式，对政策的开展情况进行监督评价，并对反馈的结果进行跟进，进一步完善各项落实措施。

5.《关于全面加强和改进新时代学校体育工作的意见》

在《关于深化体教融合促进青少年健康发展的意见》颁布不久，有关学校体育工作的另一份重要文件——《关于全面加强和改进新时代学校体育工作的意见》（以下简称《意见》）于2020年10月15日颁布实施。这一文件是为贯彻落实习近平总书记关于教育、体育的重要论述和全国教育大会精神，旨在提高学校体育工作的地位，构建德智体美劳全面培养的教育体系，是为全面加强和改进新时代学校体育工作而提出的新要求、新目标。《意见》从总体要求、教学改革、办学条件、评价机制、组织保障五个方面用17条内容对学校体育工作进行了全面部署。

实际上《意见》涉及的内容与以往文件提及的内容相差不大，如教学、教师、场地设施、比赛、课外活动等，但在具体目标和语言描述等方面则存在较大区别。正如《意见》标题里提及的“改进”一词是国家发布的所有与体育有关的文件政策里首次提及的，表达了“改”的含义。同时，我们通过对《意见》进一步研究梳理发现，它还呈现以下几个特点和显著变化。

（1）总体要求方面

学校体育工作最终的目标仍是在“健康第一”的教育观念下，想尽一切办法提高学生体质，改变学生体质连年下降的不良趋势，让体育成为一种积极的生活方式，成为学生的日常习惯。体育核心素养给体育教学提出了更高的要求，不仅要求掌握体育锻炼的基本知识、基本技能，还要求在教学中磨炼学生的意志，进行品德的教育。然而，在现阶段，学校体育的基本、核心工作仍是增强体质，促进中小学生的身心健康。因此，“健康第一”的观念必须始终贯穿学校体育工作，坚决遏制住学生体质下滑的趋势。

从指导思想来看，学校体育工作的指导思想发生了较大的变化，虽然“健康第一”仍是学校体育遵循的教育理念，增强学生体质仍是学校体育的主要目标，但是指导思想从学生全面发展的角度出发，强调综合素质的提高，更加注重乐趣、人格、意志等精神方面的追求，这是对体育育人作用的充分肯定。同时，《意见》也高度强调了文化学习和体育锻炼间的关系，否定了以前任何将文化学习和体育锻炼矛盾化、对抗化的做法。总之，未来的学校体育工作应当从大教育观的视角出发，充分发挥体育全面的育人作用。

从工作原则来看，“改革创新，面向未来”是要使学校体育同教育事业的改革发展相适应。培养德智体美劳全面发展的儿童青少年是我国教育发展的宏伟目标。体育的发展要与广大学生对参加体育活动的期待相吻合，为学生们提供优质丰富的体育资源，满足广大学生日益增长的体育需求，让学生真正喜欢上体育课，喜欢上体育锻炼。学校体育工作也必须深化教学改革，从教学方法、教学内容、教学模式、教学手段、教学资源等方面大胆创新，紧跟时代步伐，为学生提供更加优质丰富的体育资源，满足学生多样化的需求。当前由于班级人数多、体育教师少、场地缺乏等客观原因，以及体育教师主观求变意识淡薄等主观原因，体育教学方式陈旧、形式化等问题仍较突出。总之，新时代的学校体育工作对学校、体育教师等部门及群体提出了更高的要求，必须改革创新，增加学生体育参与的积极性。

另外，“补齐短板，特色发展”是当前学校体育工作高效开展的明智之举。由于地域经济发展的不平衡和资源分配的不均衡，以及地域民俗特色的差异，使学校体育的发展必然呈现参差不齐的现象。最佳的发展道路就是要求各个学校切实做到因地制宜，扬长避短。通过补齐短板，发挥各自特色，最大限度地利用已有的资源满足学生体育参与的需求。在发展中，形成鲜明的学校体育文化，从而使更多的学生参与其中。尤其是要鼓励中华传统体育特色项目在校园内的推广和特色发展，加强对青少年进行体育传统项目的教育，实现传统项目在校园内的弘扬和传承。

“凝心聚力，协同育人”的原则则是希望充分发挥全社会的力量共同促进青少年健康水平的提升。长久以来，学校体育发展困难重重的主要原因就在于未能实现各部门的协同合作。长期的封闭式发展，使学校体育工作开展起来捉襟见肘，四处碰壁，难以满足学生多方面的体育需求。这一原则的提出旨在打破这一局面，形成家庭、政府、学校、社会四位一体的保障激励机制。尤其是解决从事体育的学生在升学或职业发展方面的后顾之忧，真正实现体教融合。

根据政策的表述，目前促进学校体育发展的四个主要力量中，家庭的支持排在第一位，其次是学校、政府和社会。按照这一排序，可以明确看出家庭体育教育在实现政策目标中的地位。按照以往的惯例，学生体质的改善、技能的掌握都是学校的任务，家庭的作用没有被重视。但近几年，越来越多的研究和实践证明了家庭在促进青少年体育参与方面的重要作用。同时，根据排序也可以看出，政府的行政作用在逐步缩减，给予学校更多的发言权和自主权。社会力量，尤其是通过购买服务的形式让社会力量参与进来也成为促进青少年身心健康的重要手段。因此，家庭、政府和社会力量必将在学校体育发展的过程中发挥重要的作用，成为学校的重要补充。

《意见》还专门列举出学校体育工作应遵循的三大原则，这在之前的任何文件中都是没有的。三大原则指明了学校体育工作的方向和标准，符合我国当前学校体育工作的实际，是加快学校体育发展必须遵循的基本原则。

（2）教学改革方面

根据学校体育工作原则的要求，深化教学改革是当前学校体育工作的首要任务。根据《意见》的要求，当前的学校体育教学改革应从“开齐开足体育课”“加强体育课程和教材体系建设”“推广中华传统体育项目”“强化学校体育教学训练”“健全体育竞赛和人才培养体系”五个方面着手。

第一，在对体育课的要求方面，此次《意见》的目标描述更加具体化、有针对性，更注重“刚性”文字的使用，减少“柔性”文字的使用，体现出学校体育工作的紧迫性和不可忽视性，以引起基层学校对体育工作的重视。同时，政策强调学校体育工作不仅要重视量的增长，更要注重质的提高。如“开足开齐上好体育课”“配足配强体育教师”。以往的文件中“上好”“配强”等表述是没有的，可以看出体育教学工作开始由量的增长向质的提高迈进。

另外，《意见》非常详细地阐述了每个学段体育课的开设要求，基础教育阶段的体育课提升为每天1节，高等教育的体育课成为学生毕业的门槛，尤其是创新性提出了对研究生进行体育教育的建议。虽然看似是强制性或被迫式的推动，但是从政策制定的角度出发，在当前状况下，强制性体育参与仍比较切合实际，或是能有效推动体质改善的最佳选择。

第二，体育课程和教材体系更加注重大中小幼学段体育教学的衔接，改变以往割裂的状况，从学生一生发展的全过程来看待体育，明确各学段的体育教学主导任务。这一政策的提出主要是解决之前中小学体育教学中存在的技能重复教育，表面浅显性教育导致学生在长达十几年的体育课教学中难以学会、学透一项体育技能的问题。因此，急需通过打通学段间的壁垒，统筹考虑，让体育教学呈现递进性。另外，义务教育阶段要求“体育课程帮助学生掌握1～2项运动技能”。要想实现这一目标，就必须按照“教会、勤练、常赛”的发展思路。让学生有更多的机会学习体育技能，按照自己的兴趣坚持锻炼，通过比赛不断地磨炼，从而熟练掌握技能。走班制教学是当前诸多学校都在尝试的教学方式。然而，效果如何以及如何更有效地开展走班制教学还需要进一步的研究。

第三，《意见》多次强调中华传统体育项目的推广问题，这是当前学校体育工作中非常重要的任务。由于西方体育文化对速度、力量或人类极限的崇尚更加适合这一年龄段的青少年的需求，因此中华传统体育项目的发展面临尴尬的局面。然而，中华传统体育所能体现出的爱国主义、集体主义、自强不息等精神是当前青少年需要具备的品质，因此应当加强中华传统体育项目在学校的推广，增强青少年的文化自信，促进传统体育项目的传承与发展。

形成“一校一品，一校多品”的特色发展模式是当前推广传统体育项目的主要途径。这里的“一品”“多品”不仅是要通过体育塑造一个学校的品牌，更主要的是希望能够引起相关人员对体育的重视，使其成为更有效地开展学校体育工作的抓手和突破点。那么，以民族传统体育项目为载体进行体育教学就是非常明智的选择。不仅能发挥传统体育项目的育人作用，更能有效地推动传统体育项目的传承和发展。武术、龙舟、舞龙舞狮、毽球、五禽操等传统体育项目充分体现了我国的传统文化，是独一无二的民族瑰宝，需要在学校进行弘扬和传承，让更多的青少年认识、了解、喜欢并能从事这些传统体育运动。让中华传统体育在校园绽放光彩。

第四，“健康知识+基本运动技能+专项运动技能”的教学模式将成为新时代体育教学工作的新模式。由于体育教学的欠缺，当代青少年不仅没有学会、学透某一项专项技能，也未能掌握日常的健康知识和科学锻炼的方法，基本的跑跳投能力也逐渐在退化，这对青少年健康水平的提升、健身兴趣的培养、健身习惯的养成都产生了较大影响。学校体育应该打破传统的教学模式，大胆进行革新，通过体育教学使学生在“健康知识+基本运动技能+专项运动技能”三个方面全面提升，切实发挥出体育对青少年健康的促进作用。

国家尤其鼓励三大球和田径、游泳、体操等基础大项及传统项目在学校的推广和发展。一方面是因为这些运动项目的基础性作用，另一方面也是因为这些项目在我国的发展不够理想，属于弱势项目。通过在学校的推广和发展，这样既可以帮助学生掌握专项技能，也有利于为竞技体育输送人才。

当然，发展三大球、田径、游泳、体操等基础大项的目标，仅依靠体育课是很难实现的，还必须通过课外锻炼、体育竞赛及俱乐部等的助力才能更有效地推动目标的实现。首先，在课外锻炼方面，《意见》对其要求有了明显的改变，由之前的“切实保证学生每天1小时校园体育活动”转变为“着力保障学生每天校内、校外各1个小时体育活动时间”。时间上的约束更加严格，旨在确保学生可以有更多时间和机会进行体育锻炼。虽然之前的文件也都提及学生进行锻炼的时间为“1小时”，但原来的“1小时”课外体育活动时间是由体育课、课间操、课外活动三者加起来构成的，而现在的时间限制变为除了校内1小时的体育活动时间，还需有1个小时的校外体育活动时间。这是非常大的突破，也更能满足学生体育锻炼的时间需求。然而，不得不承认的是，虽然《意见》给出了这样的约束，但是校外1小时的体育活动如何安排，由谁来负责，去哪儿进行，能不能全面切实地开展，安全问题等都摆在学校、家长面前。社会资源的引入看似是最为有效的途径，但是一般情况下社会俱乐部都是商业机构，一些俱乐部为学校服务的最终的目的还是招生，所以需要平衡两者的关系。

第五，体育赛事在推动青少年体育发展中的作用早已被认可。之前的文件几乎均涉及体育赛事，我国也举行了各式各样不同级别的赛事，但是赛事在推动学校体育发展方面的作用并不明显。尤其是体育部门和教育部门各自为政，也造成了当前严重的学训矛盾。与以往政策不同的是，《意见》更加重视体育赛事在推动青少年体育参与及人才选拔、输送等方面的作用。之前的文件只是提及要举办一系列的赛事，但是如何办、办什么样的赛事都未详细列举或做出要求。此次《意见》给出了青少年赛事发展的基本框架和制度安排。要建立集校内、校际、选拔性竞赛于一体的大中小学体育竞赛体系，构建国家、省、市、县四级学校体育竞赛制度和选拔性竞赛（夏令营）制度。未来的学校体育竞赛首先要打破体育部门和教育部门间的壁垒及学段间的壁垒，实现互通互认。另外，学校体育竞赛必须摒弃之前单纯的精英竞技，要让更多的人参与。将学校体育赛事打造成不同层次、不同级别、不同项目、不同能力水平、不同身体素质学生都有机会参与的赛事体系。

在《意见》出台初期，要想尽快实现以上的发展目标，发挥体育传统特色学校、高水平运动队的作用必定是一条行之有效的路径。体育传统特色学校应努力营造学校体育氛围，促进全员参与，实现竞技体育与学校体育的融合，努力打通体育生升学的渠道，解决其后顾之忧，以此吸引更多的学生和家长选择体育，从事体育事业，提高身体素质，同时实现竞技体育的人才输送。

（3）改善办学条件方面

学校体育的快速发展离不开充足的物质保障和人员保障。事实上，以往任何文件基本都会提及这一方面的要求，涉及的内容包括教师、场地器材和社会资源的整合利用。与以往政策不同的是，《意见》对这三个方面分别提出了新的要求和建议。

首先，在体育教师的配备方面，为了缓解学校体育师资不足的问题，《意见》给出了多种解决途径。一是在指标上倾斜，要求未配齐的地区应每年划出一定比例用于招聘体育教师。二是广泛吸纳体育人才服务学校体育，包括聘用优秀退役运动员、专（兼）职教练员、社会力量及支教大学生。另外，为了提高体育教师的教学水平，还可以通过“国培计划”、基地培训和海外访学的方式提高体育教师的专业素质，更高效地推进学校体育的发展。

作为体育教育人才培养的主要阵地，要高度重视高校在体育人才培养方面的重要作用。新时代学校体育的发展要求高校需针对中小学对人才的需求，创新研究出更切合实际的发展策略，进一步推进人才培养模式的改革，培养出更优质的师资、更多合格的体育人才，为学校体育的发展服务，满足中小学学校发展的实际需求。这就要求相关部门为高校的体育工作者提供更加宽松的工作和科研环境以及更广阔的平台和更多的机会。高校也应积极主动地加强与基层中小学的合作和交流，深入基层进行社会调查，摆正自己的位置，踏实研究，切实帮助中小学解决体育教学中的实际问题。

因此，体育教师的配备需要做到教师数量和质量的双提高，不仅要补足，更要补强。教师作为教学的主体，其道德水平和工作态度直接影响政策的实施效果，必须高度重视体育教师队伍存在的短板，了解体育教师之所想，满足体育教师之所需。让体育教师受到应有的尊重，享受应有的待遇，改变人们对体育教师的看法，为教师营造更加自主、创新发展的工作环境，在评价机制上建立更加有利于教师个人发展的政策，提高教师工作的积极性和主动性，提高体育教师的地位。从文件来看，没有给出体育教师配备的基本标准。体育教师如何配齐？怎么才算配齐？文件里并没有明确的表述。所以，还需要研究体育教师配备标准和评价标准。同理，“配强体育教师”的表述也存在一定的模糊性，“强”的标准和评价也需要进一步的量化。体育教师的培养是一项系统的工程，也是一项不能间断、不断深化的人才培养工程，必须给予足够的关注和大力的支持。

其次，场地器材的短缺是限制学校体育发展的硬性指标，也是困扰学校体育开展的老大难问题。虽然学校体育取得了显著的成绩，但仍存在地区发展不平衡的问题，所以在新时代学校体育工作中，应将工作的重点放在农村等经济欠发达地区，尽力实现均衡的发展。最为关键的是，随着社会经济的发展，学校体育的场地器材建设缺乏符合当前实际的统一的标准，为场地器材的配备建设及最终的评价都带来了较大的困难，因此非常有必要设定一个科学合理的学校体育卫生条件基本标准，更好地指导学校体育场地器材建设工作的开展。同时必须明确的是，在现有国情下，一味地兴建新场馆设施实现校校全配备是非常不现实的事情，因此“共享”应该成为当前解决学校体育场地器材问题的主要途径，如条件好的学校与条件差的学校共享，学校资源和社会资源的共享。这也是《意见》基于当前现状提出的最切合实际的建议。

最后，学校体育场地器材的配备是学校体育工作开展的前提和基础，必须以“满足课程教学和实践活动需求”为基本底线，因地制宜，因校制宜，采用灵活多样的途径满足学校体育工作的需要。

另外，在社会资源的统筹整合方面，《意见》建议实现现有学校体育场馆和公共体育场馆的开放共享，这是实现社会资源统筹结合的主要途径，也是对以往政策的延续。但是，《意见》也提出了“学校和社会体育场馆合作开设体育课程”“城市和社区建设规划要统筹学生体育锻炼需要，新建项目优先建在学校或其周边”等新的举措，真正让社会承担起改善学生体质状况的责任，成为学校体育工作的有效补充，例如充分发挥社会力量，解决好中小学课后“三点半”的问题。其中，体育活动应该成为服务学生的重要方式，这就需要公共体育场馆能免费或低收费。在市场经济体制下，这些目标的实现似乎困难重重，这也是以往文件都有提及但执行效果欠佳的主要原因。《意见》又再次重申整合社会资源的重要性。在我国现有的国情下，这一问题的推进，还需要政府部门的高度关注和介入，否则将举步维艰。

（4）学校体育评价机制方面

学校体育评价机制是检验各个学校对相关政策执行效能和学校体育工作开展成效的重要步骤和关键环节，也是对教师教学效果评价的主要机制，同时是对当地政府部门、教育部门及其他相关部门对学校体育工作支持力度和工作开展的重要评价手段。因此，学校体育评价机制应该涉及学校、教师、政府三个方面的内容，缺一不可。

首先，学校体育工作开展的好坏取决于体育工作在整个教育系统中的地位，取决于体育教育在学生评价中所占的比值。当前，学校体育地位低、不被重视的关键在于评价机制不健全。在接下来的学校体育工作中，必须加大体育参与在学生评价中的比重，增强学生体育参与的动力。所以，《意见》建议将体育科目纳入初、高中学业水平考试范围。希望通过升学这一砝码，以增加分值或成为考核学生的主要手段等形式推进学校体育工作的开展，以引起各方的高度重视，尤其是学校主要领导、家长对体育工作的重视，从而倒逼学校体育的发展。为了调和体育参与和学习之间的矛盾，体教融合的观点应运而生。除此之外，体教融合更迫切营造的是一种活跃的校园体育文化，实现全员参与。

考试虽然是一种行之有效的促进途径，但是由于考试属于结果性评价，具有一定的片面性，甚至是不公平性，因此学校体育应加强过程性评价在整个评价体系中的份量，应将日常参与、体质监测和专项运动技能测试有机结合起来进行综合的评价，更能凸显评价的公平性和科学性。而对中小学生来说，由于他们的年龄较小，自控力、自律性都较差，因此需要家长的监督和支持。所以，中小学学校体育工作还应将学生的体质状况定期向家长汇报，以引起家长的重视，真正做到体育教育的家校合作。相比较而言，过程性评价工作已经在很多学校展开并取得了一定的成效，但是家校合作，定期向家长汇报学生的日常体育参与情况和体质健康监测结果，在实施过程中并不尽如人意，需要进一步加强和推进。

其次，对体育教师的评价也是学校体育评价机制中非常重要的内容。在实际工作中，由于体育学科的“副科”地位，体育教师往往被边缘化，这极大地影响了他们体育教学的积极性。另外，体育的“副科”地位也造就了体育教师“舒适”的工作氛围，使其动力不足，工作积极性和创新性低，安于现状，疲于教学的研究和改革。这都不利于学校体育工作的顺利开展。因此，对于体育教师的评价应当成为提高体育教师工作积极性的手段。《意见》将评价导向从教师教了多少转向教会了多少，从完成课时数量转向教育教学质量。当然，仅对体育教师提出要求是不行的，还需调动他们的积极性，在教学和科研等方面都应为其提供更加广阔、公平的平台，畅通体育教师职业发展通道。

另外需要明确的是，学校体育工作是整个教育工作必不可少的部分，必须将其纳入教育的系统中统筹进行评价。没有体育的教育是不完整的教育，没有体育评价的教育评价也是片面的。只有将体育评价工作纳入政府、教育行政部门的绩效中，才能真正引起人们的重视和关注，才能真正解决问题。尤其是要对政策落实不到位、学生体质健康达标率和素质测评合格率持续下降的地方政府、教育行政部门和学校负责人进行问责。

最后，学校体育工作的评价是一个系统的、复杂的工程，必须从相关部门或群体的切身利益出发，制定切实可行的评价机制才能有效提高他们工作的积极性。当然评价不是最终目的，而是必要的手段和工作步骤，是学校体育不可或缺的重要组成部分。

（5）学校体育组织保障方面

学校体育的顺利开展除了软硬件的保障，组织保障也至关重要。组织保障的内容主要涉及组织领导和经费保障、制度保障及良好社会氛围的营造。

首先，组织领导方面，主要的任务就是提高学校体育的地位。由于学校体育工作需要各个部门的支持和配合，所以建立学校体育工作部门联席会议制度是比较高效的手段，以此来解决和协调各项矛盾、利益关系，获取更多的支持。在当前的背景下，政府和主要领导是学校体育发展的主要责任主体，没有他们的关注和支持，学校体育工作举步维艰。所以，学校体育工作首先要从政府和主要领导的重视入手，加强他们对学校体育工作的组织领导。

有了政府和领导的重视，财政保障方面就水到渠成。整个学校教育经费中必须确保体育工作经费的分配和拨付，还需统筹安排财政转移支付资金和本级财力支持学校体育工作。但是根据学校体育国际发展的经验，我国学校体育发展的财政来源比较单一，完全靠政府拨款，使政府财政负担巨大，也完全限制了学校自身的创新发展，而真正灵活的财政来源应当是社会和学校的自我创新发展。社会捐赠是当前国际上比较认可的，但在我国社会捐赠并没有得到很好的利用。究其原因，一方面是学校形成了完全依赖政府的惯性，不求创新发展的渠道和思路；另一方面，与学校领导的创新思维和工作风格、能力息息相关，社会上资金雄厚的企业或个人比比皆是，学校应逐渐抛弃陈旧的思维，逐步适应市场经济条件下的创新发展，积极吸引社会捐赠，拓宽自身的资金来源渠道。

其次，在制度保障方面，由于体育参与的特点，运动损伤和事故的发生是无法根本避免的。长期以来由运动损伤造成的纠纷数不胜数，这也抑制了学校、体育教师开展体育教学的积极性。为了避免因运动损伤或事故带来的“麻烦”，学校在运动项目的开展上一再退让，体育教师也变得畏首畏尾。因此急需在制度上进行运动风险的管理，通过保险制度减轻学校的负担，可以让学校、体育教师放开手脚开展必要的体育锻炼。《意见》中提及的制度建设主要涉及《学校体育工作条例》、安全风险管理机制、学校体育运动伤害风险防范和处理机制、体育意外伤害的学生综合保险机制、学生体育活动安全事故第三方调解机制。以上所有制度的建立实际上都是围绕着运动风险的管理开展的，这是阻碍学校体育开展的重要因素，也是不得不通过法律途径解决的重要议题。

第三方调解机制的提出，可以有效减少学校、当事教师为此付出的精力和不必要的麻烦，消除体育教师在体育教学时的后顾之忧，纠纷的处理交由第三方，并给出处理的合理建议，真正为学校开展体育活动减压松绑。接下来，作为地方政府或学校，应就此展开细致的研究，对这一条款的具体实施细则和应对策略展开后续的深入研究，出台文件和政策，切实将《意见》的精神落到实处。

另外，学校体育的发展需要营造良好的社会氛围。由于历史的原因，人们对体育或是体育从业者会有一些偏见和误解，还有学习和体育参与之间的矛盾，使学校体育的发展困难重重。应该转变认知，通过加强体育价值的宣传，营造良好的学校体育氛围，提升青少年参与体育的积极性。

最后，组织保障是学校体育工作正常开展的必要条件。无论是组织领导和财政保障，还是制度保障和社会氛围的营造，都是解决学校体育在长期发展过程中凸显的问题的重要策略，必须高度重视。如果保障缺失或不完善，必定会严重限制学校体育的发展。

《意见》从五个方面用17条细则全面阐述了学校体育发展的策略，与之前的政策相比，更加全面细致、科学系统，必将成为新时代学校体育工作的指南。

6. 五大重磅性政策文件的延续与创新

2007年以来学校体育重磅性文件的延续与创新内容如表5所示。

表5　2007年以来学校体育重磅性文件的延续与创新内容

	7号文件	53号文件	27号文件	体教融合	加强和改进学校体育工作意见
颁布时间	2007年	2012年	2016年	2020年	2020年
颁布部门	中共中央办公厅、国务院办公厅	国务院办公厅	国务院办公厅	国家体育总局、教育部联合印发	中共中央办公厅、国务院办公厅
时间结点	2007—2012年	“十二五”末期	2020年	2035年	2035年

（续表）

指导思想	认真落实健康第一的指导思想，把增强学生体质作为学校教育的基本目标之一，建立健全学校体育工作机制，充分保证学校体育课和学生体育活动，广泛开展群众性青少年体育活动和竞赛，加强体育卫生设施和师资队伍建设，全面完善学校、社区、家庭相结合的青少年体育网络，培养青少年良好的体育锻炼习惯和健康的生活方式，形成青少年热爱体育、崇尚运动、健康向上的良好风气和全社会珍视健康、重视体育的浓厚氛围	以科学发展观为指导，全面贯彻党的教育方针，全面实施素质教育，把增强学生体质作为学校教育的基本目标之一，加强政府统筹，加强条件保障，加强监督检查，确保学生体育课程和课余活动时间，切实提高学校体育质量，完善学校、家庭与社会密切结合的学校体育网络，促进体育与德育、智育、美育有机融合，不断提高学生体质健康水平和综合素质	全面贯彻落实党的十八大及十八届三中、四中、五中全会和习近平总书记系列重要讲话精神，全面贯彻党的教育方针，按照《国家中长期教育改革和发展规划纲要（2010—2020年）》的要求，以“天天锻炼、健康成长、终身受益”为目标，改革创新体制机制，全面提升体育教育质量，健全学生人格品质，切实发挥体育在培育和践行社会主义核心价值观、推进素质教育中的综合作用，培养德智体美全面发展的社会主义建设者和接班人	贯彻落实习近平总书记关于体育强国建设的重要指示和全国教育大会精神，充分发挥党委领导和政府主导作用，深化具有中国特色体教融合发展，推动青少年文化学习和体育锻炼协调发展，促进青少年健康成长、锤炼意志、健全人格，培养德智体美劳全面发展的社会主义建设者和接班人	以习近平新时代中国特色社会主义思想为指导，全面贯彻党的教育方针，坚持社会主义办学方向，以立德树人为根本，以社会主义核心价值观为引领，以服务学生全面发展、增强综合素质为目标，坚持健康第一的教育理念，推动青少年文化学习和体育锻炼协调发展，帮助学生在体育锻炼中享受乐趣、增强体质、健全人格、锤炼意志，培养德智体美劳全面发展的社会主义建设者和接班人

（续表）

总体目标	通过5年左右的时间，使我国青少年普遍达到国家体质健康的基本要求，耐力、力量、速度等体能素质明显提高，营养不良、肥胖和近视的发生率明显下降	力争到“十二五”末期，学校体育场地设施总体达到国家标准，初步配齐体育教师，基本形成学校体育持续健康发展的保障机制；学生体质健康监测制度更加完善，基本建成科学规范的学校体育评价机制；各方责任更加明确，基本形成政府主导、部门协调、社会参与的学校体育推进机制	到2020年，学校体育办学条件总体达到国家标准，体育课时和锻炼时间切实保证，教学、训练与竞赛体系基本完备，体育教学质量明显提高；学生体育锻炼习惯基本养成，运动技能和体质健康水平明显提升，规则意识、合作精神和意志品质显著增强；政府主导、部门协作、社会参与的学校体育推进机制进一步完善，基本形成体系健全、制度完善、充满活力、注重实效的中国特色学校体育发展格局	促进青少年健康成长、锤炼意志、健全人格，培养德智体美劳全面发展的社会主义建设者和接班人	到2022年，配齐配强体育教师，开齐开足体育课，办学条件全面改善，学校体育工作制度机制更加健全，教学、训练、竞赛体系普遍建立，教育教学质量全面提高，育人成效显著增强，学生身体素质和综合素养明显提升。到2035年，多样化、现代化、高质量的学校体育体系基本形成
工作原则			（1）坚持课堂教学与课外活动相衔接； （2）坚持培养兴趣与提高技能相促进； （3）坚持群体活动与运动竞赛相协调； （4）坚持全面推进与分类指导相结合		（1）改革创新，面向未来； （2）补齐短板，特色发展； （3）凝心聚力，协同育人

（续表）

体育课	（1）1～2年级：4课时/周； （2）3～6年级和初中：3课时/周； （3）高中：2课时/周	（1）中小学生每天1小时校园体育活动； （2）严禁挤占体育课和学生校园活动时间； （3）地方课程和校本课程中科学安排体育课时	（1）完善国家体育与健康课程标准； （2）建立大中小学课程衔接体系； （3）严禁削减、挤占体育课时间，有条件要增加体育课时； （4）高等学校：体育必修课或选修课；开展运动项目教学，推动“三大球”、基础项目、特色项目、优势项目、民族民间体育发展； （5）学生熟练掌握1～2项运动技能； （6）一校一品、一校多品教学模式； （7）适合残疾学生的体育教学资源； （8）运动项目全国教学联盟、全国学校体育研究基地	开足开齐体育课	（1）开足开齐上好体育课； （2）基础教育阶段：每天开设1节体育课； （3）高等教育阶段：将体育纳入人才培养方案；体质健康达标，修满体育学分； （4）大中小幼衔接； （5）学前阶段：游戏活动； 义务教育阶段：掌握1～2项运动技能； 高中阶段：发展运动专长； 职业教育：体育课程与职业技能培养相结合； 高等教育：体育课程与创新人才培养相结合； （6）根据学生年龄特点和身心发展规律，围绕课程目标和运动项目特点，精选教学素材，丰富教学资源； （7）推广中华传统体育项目； （8）逐步完善“健康知识+基本运动技能+专项运动技能”的学校体育教学模式

（续表）

课外体育活动	（1）每天锻炼1小时；（2）大课间体育活动制度（25～30分钟）；（3）寄宿制学校：早操；（4）高等学校：至少每周三次课外体育锻炼；（5）全国亿万学生阳光体育运动	阳光体育运动方案	（1）健全学生体育锻炼制度，纳入教学计划，列入作息时间安排；（2）每天1小时校园体育活动；（3）幼儿园：开展丰富多彩的体育活动；中小学：大课间；寄宿制学校：早操；高等学校：多种组织形式；职业学校：学生顶岗实习安排体育锻炼时间；（4）阳光体育系列活动、群众性课外体育活动锻炼；（5）学生冬季长跑等群众性活动		着力保障学生每天校内、校外各1个小时体育活动时间
体育教师		（1）制订并落实配齐专职体育教师计划，多渠道配备好中小学和职业学校体育教师；（2）体育教师培养体系；（3）体	（1）加强师德建设；（2）乡村体育教师的职业荣誉感；（3）利用现有政策和渠道，按标准配齐体育教师和体育教研人员；（4）高等学校体育教育专业培养合格体育教师；（5）优秀教练员、	（1）优秀退役运动员进校园兼任、担任体育教师和教练员，先入职后培训；（2）体校等体育系统教师、教练员到中小学校任教；	（1）配齐中小学体育教师，未配齐的地区应每年划出一定比例用于招聘体育教师；（2）聘用优秀退役运动员为体育教师或教练员；（3）通过

（续表）

体育教师		育教育专业，免费师范生和贫困地区定向招生； （4）农村学校教师特岗计划补充体育教师； （5）退役优秀运动员从事学校体育工作； （6）国培计划； （7）职务评聘、福利待遇、评优表彰等方面与其他学科教师同等待遇； （8）体育教师组织学生开展课外体育活动以及组织学生体质健康测试等，要纳入教学工作量	退役运动员、社会体育指导员、有体育特长的志愿人员兼任体育教师； （6）体育教师全员培训； （7）培养体育骨干教师和体育名师； （8）国培计划重点加强中西部乡村教师培训； （9）提升特殊教育体育教师水平； （10）组织开展课外活动、学生体质健康测试、课余训练、比赛等纳入教学工作量； （11）职务评聘、福利待遇、评优表彰等方面与其他学科教师同等待遇； （12）高等学校要完善符合体育学科特点的体育教师工作考核和职称（职务）评聘办法	（3）选派优秀体育教师参加各种体育运动项目技能培训	购买服务方式，与相关专业机构等社会力量合作向中小学提供体育教育教学服务； （4）体育教育专业大学生支教计划； （5）“国培计划”等加大对农村体育教师的培训力度； （6）高等师范院校与优质中小学建立协同培训基地； （7）体育教师海外研修访学； （8）高校体育教育专业人才培养模式改革； （9）地方政府、高校、中小学协同育人； （10）高校高职体育专业和高校高水平运动队专业教师、教练员配备最低标准

（续表）

场地设施建设	（1）认真落实《公共文化体育设施条例》； （2）城市和社区的建设规划要充分考虑青少年体育锻炼设施的需要； （3）公共体育设施建设要与学校体育设施建设统筹考虑、综合利用； （4）“农民体育健身工程”与农村中小学体育设施建设结合起来； （5）公共体育场馆和运动设施应免费或优惠向周边学校和学生开放；	（1）按照《国家学校体育卫生条件试行基本标准》《中小学校体育设施技术规程》及相关学校建设标准和技术规范要求，加大学校体育设施建设力度； （2）基层公共体育设施建设中统筹规划学校体育设施； （3）义务教育经费保障机制和农村义务教育薄弱学校改造计划等项目中加大对体育设施建设和器材配备的支持力度；	（1）按照学校建设标准、设计规范，充分利用多种资金渠道，加大对学校体育设施建设的支持力度； （2）学校体育设施列为义务教育学校标准化建设的重要内容，以保基本、兜底线为原则，建设好学校体育场地设施、配好体育器材，为体育教师配备必要的教学装备； （3）公共体育场馆设施为学校体育提供服务，向学生免费或优惠开放； （4）有条件的学校体育场馆设施在课	（1）场地设施共享利用； （2）鼓励存量土地和房屋、绿化用地、地下空间、建筑屋顶等兼容建设场地设施； （3）支持场地设施向青少年免费或低收费开放； （4）将开展青少年体育情况纳入大型体育场馆综合评价体系； （5）鼓励利用场地设施	（1）研究制定国家学校体育卫生条件基本标准； （2）建好满足课程教学和实践活动需求的场地设施、专用教室； （3）农村学校体育设施建设纳入地方义务教育均衡发展规划； （4）有条件的地区在中小学建设体育场馆，与体育基础薄弱学校共用共享； （5）小规模学校以保基本、兜底线为原则，配备必要的功能教室和设施设备； （6）加强高校体育场馆建设，鼓励有条件的高校与地方共建共享； （7）配好体育教学所需器材设备，建立体育器材补充机制； （8）建有高水平运动队的高校，

（续表）

场地设施建设	（6）学校体育场馆在课余和节假日应向学生开放	（4）全国学校体育设施和器材逐步达到国家标准； （5）公共体育场馆和运动设施向青少年学生免费或优惠开放； （6）学校体育场馆在课余和节假日应向学生开放	后和节假日对本校师生和公众有序开放； （5）充分利用青少年活动中心、少年宫、户外营地等资源开展体育活动	创建或引入社会体育组织，提供更多公益性体育活动	场地设备配备条件应满足实际需要，不满足的原则上不得招生； （9）学校体育场馆向社会开放、公共体育场馆向学生免费或低收费开放，提高体育场馆开放程度和利用效率； （10）学校和社会体育场馆合作开设体育课程； （11）新建项目优先建在学校或其周边； （12）综合利用公共体育设施，将开展体育活动作为解决中小学课后“三点半”问题的有效途径和中小学生课后服务工作的重要载体

（续表）

体育竞赛			（1）建设常态化的校园体育竞赛机制，广泛开展班级、年级体育比赛，学校每年至少举办一次综合性运动会或体育节； （2）构建县、市、省、国家四级竞赛体系； （3）系统设计并构建相互衔接的学生体育竞赛体系，积极组织开展区域内竞赛活动，定期举办综合性学生运动会； （4）开展跨区域学校体育竞赛活动，全国学生运动会每三年举办一届； （5）完善竞赛选拔机制，畅通学生运动员进入各级专业运动队、代表队的渠道	（1）义务教育、高中和大学阶段学生体育赛事由教育、体育部门共同组织，拟定赛事计划，统一注册资格； （2）职业化的青少年体育赛事由各单项协会主办、教育部学生体协配合； （3）教育、体育部门整合学校比赛、U系列比赛等各级各类青少年体育赛事，建立分学段（小学、初中、高中、大学）、跨区域（县、市、省、国家）的四级青少年体育赛事体系，利用课余时间组织校内比赛、周末组织校际比赛、假期组织跨区域及全国性比赛； （4）合并全国青年运动会和	（1）建立校内竞赛、校际联赛、选拔性竞赛为一体的大中小学体育竞赛体系，构建国家、省、市、县四级学校体育竞赛制度和选拔性竞赛（夏令营）制度； （2）大中小学校建设学校代表队，参加区域乃至全国联赛； （3）开展青少年体育夏（冬）令营活动； （4）学校与体校、社会体育俱乐部合作，共同开展体育教学、训练、竞赛，促进竞赛体系深度融合； （5）全国学生运动会改革，每年开展赛事项目预赛； （6）加强体育传统特色学校建设，完善竞赛、师资培训等工作； （7）高校高水

（续表）

体育竞赛				全国学生运动会，改称全国学生（青年）运动会，由教育部牵头、体育总局配合，组别设置、组织实施、赛制安排等具体事宜由组委会研究确定； （5）加快推动体育行业协会与行政机关脱钩，充分发挥单项协会的专业性、权威性，教育部学生体协积极配合，以足球、篮球、排球、冰雪等运动项目为引领，并根据项目特点和改革进展情况积极推进； （6）教育、体育部门为在校学生的运动水平等级认证制定统一标准并共同评定； （7）对参加世界大学生运动会、世界中学生运动会、世界单项学生赛事、全国运动会、全国学生（青年）运动会、全国单项锦标赛田径、游泳、射击等项目运动员的成绩纳入体育、教育部门双方奖励评估机制	平运动队建设与中小学体育竞赛相衔接，纳入国家竞技体育后备人才培养体系； （8）高水平运动员注册制度改革，建立健全体育运动水平等级标准，打通教育和体育系统高水平赛事互认通道

（续表）

学校体育评价	（1）全面实施《国家学生体质健康标准》，把健康素质作为评价学生全面健康发展的重要指标； （2）加快建立符合素质教育要求的考试评价制度，全面组织实施初中毕业升学体育考试，并逐步加大体育成绩在学生综合素质评价和中考成绩中的分量； （3）高中阶段学校毕业学业考试中增加体育考试； （4）普遍推行《国家学生体质	（1）学生体质健康测试和评价制度： a.修订并全面实施《国家学生体质健康标准》； b. 学生健康检查制度、学生体质健康监测制度与国家学生体质健康标准测试制度的配套衔接； c. 学生进行体质健康测试，并将测试结果经教育部门审核后上报纳入国家学生体质健康标准数据管理系统； d. 按学生年级、班级、性别等不同类别在学校内公布学生体质健康测试总体结果，并将有关情况向学生家长通报；	（1）完善考试评价办法： a.课内外相结合、各学段相衔接的学校体育考核评价体系，完善和规范体育运动项目考核和学业水平考试； b. 体育课程考核要突出过程管理，从学生出勤、课堂表现、健康知识、运动技能、体质健康、课外锻炼、参与活动情况等方面进行全面评价； c. 中小学要把学生参加体育活动情况、学生体质健康状况和运动技能等级纳入初中、高中学业水平考试，纳入学生综合素质评价体系； d. 科学确定		（1）学校体育评价改革： a. 日常参与、体质监测和专项运动技能测试相结合的考查机制； b. 完善学生体质健康档案； c. 客观记录学生日常体育参与情况和体质健康监测结果，定期向家长反馈； d. 体育科目纳入初、高中学业水平考试范围； e. 改进中考体育测试内容、方式和计分办法，科学确定并逐步提高分值； f. 高校在招生测试中增设体育项目； g. 高校招生中使用体育素养评价结果，高校根据人才培养目标和专业学习需要，将学生综合素质评价结果作为招生录取的重要参考；

（续表）

学校体育评价	健康标准》测试报告书制度、公告制度和新生入学体质健康测试制度	e. 将学生日常参加体育活动情况、体育运动能力以及体质健康状况等作为重要评价内容； f. 实施好初中毕业升学体育考试； g. 高中学业水平考试中增加体育科目； （2）实施学校体育工作评估制度： a. 制订以评价学生体质健康水平和基本运动技能为主要内容的学校体育工作评估标准和实施办法； b. 学校自我评估+地市教育部门复核+省级教育部门抽查认定+评估结果报送教育部； c. 高等学校	初中毕业升学体育考试分值或等第要求； e. 高考综合改革试点的省（区、市），在高校招生录取时，把学生体育情况作为综合素质评价的重要内容； f. 学校体育测试要充分考虑残疾学生的特殊情况，体现人文关怀； g. 规范高水平运动员招生； （2）体育教学质量监测： a. 制定学生运动项目技能等级评定标准和高等学校体育学类专业教学质量国家标准； b. 中小学体育课程实施情况监测制度，		（2）体育教师岗位评价： a. 师德师风作为评价体育教师素质的第一标准； b. 将评价导向从教师教了多少转向教会了多少，从完成课时数量转向教育教学质量； c. 体育教师课余指导学生勤练和常赛，以及承担学校安排的课后训练、课外活动、课后服务、指导参赛和走教任务计入工作量； d. 根据学生体质健康状况和竞赛成绩，在绩效工资内部分配时给予倾斜； e. 体育教师职称评聘标准，确保体育教师在职务职称晋升、教学科研成果评定等方面，与其他学科教师享受同等待遇； f. 优化体育教师岗位结构，畅通体育教师职业发展通道； g. 提升体育教师科研能力；

（续表）

学校体育评价		体育工作基本标准和高等职业学校体育课程教学指导纲要，并适时组织开展高等学校体育工作评估； d. 深入分析学生体质健康测试结果，动态把握学生体质健康发展变化趋势； （3）学校体育报告公示制度： a. 重点报告和公示学校体育开课率、阳光体育运动情况、学校体育经费投入、教学条件改善、教师队伍建设和学生体质健康状况等； b. 向社会公布学生阳光体育运动工作方案、基本要求和监督电话； c. 利用公告栏、家长会和校园网等定期通报学生体育活动情况； d.《全国学校体育工作年度报告》，按生源所在地分省（区、市）公布高等学校新生入学体质健康测试结果	定期开展体育课程国家基础教育质量监测； c. 健全学生体质健康档案，严格执行《国家学生体质健康标准》，确保测试数据真实性、完整性和有效性； d. 运用现代化手段对体育课质量进行监测、监控或对开展情况进行公示		h. 加大对体育教师表彰力度； （3）教育督导评价： a. 学校体育纳入地方发展规划，明确政府、教育行政部门和学校的职责； b. 政策措施落实情况、学生体质健康状况、素质测评情况和支持学校开展体育工作情况等纳入教育督导评估范围； c. 国家义务教育体育质量监测； d. 体育工作及其效果作为高校办学评价的重要指标； e. 政策落实不到位、学生体质健康达标率和素质测评合格率持续下降的地方政府、教育行政部门和学校负责人，依规依法予以问责

（续表）

组织实施保障	（1）中央设立专项资金，实施“全国亿万学生阳光体育运动”器材支持项目，帮助义务教育阶段中西部农村学校配备体育活动器材； （2）在农村寄宿制学校建设工程、初中校舍改造工程和卫生新校园建设工程中，切实加大对学校体育场地的改造力度； （3）学校要切实保证体育卫生工作的正常开展，所需经费从公用经费中提取和安排； （4）努力营造重视青少年体育的舆论环境：加大对群众性学生体育活动的宣传报道，形成鼓励青少年积极参加体育锻炼的社会氛围。以迎接奥运会、举办奥运会为契机，推动青少年体育参与	（1）加强学校体育工作领导和管理：各地人民政府、教育部门、发展改革部门、财政部门、体育部门、学校校长明确各自责任； （2）加大学校体育投入力度； （3）学校体育三年行动计划； （4）强化学校体育工作督导检查； （5）健全学校体育工作奖惩机制； （6）营造学校体育发展良好环境	（1）加强组织领导：青少年体育工作部际联席会议制度；国务院有关部门在加强青少年体育工作中的责任； （2）强化考核激励“一票否决”，约谈有关主管负责人； （3）营造良好环境	（1）成立青少年体育工作部际联席会议制度； （2）压实地方责任； （3）建立联合督导机制	（1）加强组织领导和经费保障：地方各级党委和政府、党政主要负责同志、学校体育工作部门联席会议制度、领导干部培训计划；统筹安排财政转移支付资金和本级财力、社会捐赠支持学校体育工作； （2）加强制度保障：《学校体育工作条例》、安全风险管理机制、学校体育运动伤害风险防范和处理机制、涵盖体育意外伤害的学生综合保险机制、学生体育活动安全事故第三方调解机制； （3）营造社会氛围：三年行动计划

五大重磅性文件代表了那个时代学校体育发展的最高部署，有其时代性、先进性和引领性。体现了不同时代学校体育工作的重心。同时，也体现出在关键问题上政策的延续和创新。

第一，以上文件都是国家对学校体育未来发展的重要部署。一般情况下，主要是对五年内学校体育发展的总体要求和发展规划。从2007年中央7号文件颁布以来，我国学校体育的发展进入制度化的道路。中共中央办公厅、国务院成为政策文件发布的主要部门，凸显了学校体育工作的重要性和紧迫性。虽然以上文件的时间跨度不完全相同，2020年颁布的两份文件对学校体育的发展做出了更长远的规划（2020—2035年），但是都明确了各自在规定时间段内需要完成的主要任务。秉承着“健康第一”的指导思想，剑指学生的体质问题，希望能有效改善学生体质状况，这是各大文件的共同点，体现了目标的连贯性和一致性。

由于7号文件和53号文件发布的时间距离我们较远，所以统观文本的细则，条款的陈述有一定的落后性和狭隘性。但是在当时的社会背景下，两份文件是符合实际的，而且文本中的诸多细则和观点在后续的文件中得到了延续。2016年出台的27号文件与2020年出台的两份文件更加综合、全面，内容也更加翔实，三者之间有更好的关联性和延续性。总的来说，按照时间的先后顺序来看，前者是后者的基础，后者是前者的深化和发展，政策文本的改变体现了学校体育发展思路的转变和发展重心的变化。

第二，指导思想方面。五大政策有其一致性，它们都贯彻落实了某一重大会议精神和领导人的讲话精神，是与社会发展的步调紧密结合，顺应时代发展的需求而出台的。但五份文件也体现出各自的特点和差异性，首先，由于7号文件和53号文件前后的关联性，所以指导思想上较为一致，两者都旨在通过体育课、课外体育活动、竞赛及师资改善提升教学质量，最终实现学生体质的增强；但是53号文件更加突出了“素质教育”的内涵，希望促进体育与德育、智育、美育有机融合，并且更加重视政府的统筹和对学校体育的监督检查。值得一提的是，“完善学校、社区、家庭相结合的青少年体育网络”自2007年提出以来，一直都在强调，时至今日，三者的结合虽然有了诸多的理论构想，但缺乏足够成功的实践案例，三者难以实现有效的结合，这值得我们关注和研究。

相比之下，2016年颁布的27号文件提出了体育在人的成长过程中的终身效益及体育在青少年的人格培养方面的重要意义。2020年颁布的两份文件则紧紧围绕阻碍学校体育发展的“学训矛盾”，更加注重学生的全面发展和综合素质的提高，尤其是更加突出体育参与在青少年“享受乐趣、增强体质、健全人格、锤炼意志”方面的重要作用。指导思想决定着学校体育发展的主方向和工作的重点，不同时代，不同阶段，学校体育承担的责任迥然不同。

第三，总体目标方面。7号文件目标更加简单，范围较小，直指与学生体质健康相关的素质和影响其体质健康的因素（如肥胖、近视、营养不良）。但是从53号文件开始，目标的设定更大、更复杂，涉及范围更广，体育参与的作用已经完全超越增强体质的范畴。学校体育也被赋予了更加重大的意义。但是，不可否认的是，以上政策设定的目标也有其一致性，基本围绕着体育课、课外体育活动和竞赛、体育教师等几项展开，从53号文件提出的“初步配齐”“基本形成”，到2020年的“配齐配强”“全面改善”“全面提高”，充分体现了对学校体育工作的发展和要求的提高。然而，政策习惯使用“初步”“基本”“明显”“普遍”“全面”等词语对目标加以界定，使得目标过于宏观，缺乏可衡量性，也极不利于成果评价。当然，作为国家层面的政策，宏观指导是根本目的，但是对于地方的指导应该更加具体化、指标化，才更有利于目标的实现和政策的执行。

第四，工作原则方面。在以上五大政策中，只有两个政策涉及工作原则，而且两者对的原则表述迥然不同。27号文件有关工作原则的表述是单纯从学校体育发展的角度出发的，是狭隘意义上的体育教学。但是2020年颁布的《意见》则是从大教育观的角度出发，旨在使学校体育发展顺应整个教育事业的发展，也是从学生全面发展的角度来看待学校体育的发展。由于视角不同，学校体育工作开展的格局和方向也明显不同。体育的教育意义和体育参与在整个人成长过程中所起的作用被充分肯定。

第五，体育课的开展方面。政策对体育课的要求有了较大的改变。最初只是单纯给出课时的限制，后来逐步从提出“严禁挤占”到“严禁挤占、削减”，再到“开足开齐”“开足开齐上好”。这一变化体现了量的保证在学校体育开展中的重要性，也充分说明“量”的不足一直以来都阻碍着学校体育的发展，体育“副科”的地位始终未得到有效改善。但是接下来体育课不能仅仅达到量的要求，更应在质上下功夫。只有这样才能真正有效地改善学生的体质，实现学校体育的发展目标。

在体育课开展方面，另一个较为显著的改变是开始意识到学段衔接的重要性。从2016年27号文件开始提出学段的衔接，2020年再次被提及。体育技能学习是一个逐步递进和深化的过程，需要各个阶段间的衔接和连贯。但是长期以来，我们一直忽视这一环节，致使学生的体育技能学习浅表化，也形成了学生多年上体育课却无法掌握一门运动技能的尴尬局面。因此，实现学段间的衔接是当前学校体育发展过程中亟待解决的重要问题。而且需要结合学生年龄特点，开展不同层面、不同运动项目的教学，使学生能够掌握科学的健身知识、基本运动技能，精于一项运动项目，这也是未来学校体育努力的方向。这一目标的实现，需要应试的推进，进一步实现从被动到主动的转变。

除此之外，27号文件对残疾学生体育教学的关注也是非常值得肯定的。但是2020年出台的政策却未提及，未能实现政策细则的延续。与此同时，中华传统体育在学校的推广中一直都受到较高的重视，在政策中也被多次提及，体现出中华传统体育传承的必要性和紧迫性。

体育课是学校体育开展的核心，也是问题较为突出的关键环节。如何上好体育课直接决定了目标是否能实现。当前在国家政策的指导下，因地制宜地实现体育课的改革和创新将成为学校体育工作的重中之重。

第六，课外体育活动方面。除了体育课，课外体育活动也是5份文件关注的焦点。有关课外体育活动的细则陈述，最大的变化在于时间的限制。每天1小时课外体育活动变为每天校内、校外各1小时体育活动，这是非常大的转变。其次，长期以来课外体育活动的发展创新也培育出一批值得传承和延续的活动形式，如早操、大课间、阳光体育活动、冬季越野等。这都是多年来努力改善学生课外体育活动现状而做出的改革和创新。虽然这些形式还存在一些问题，但是在促进青少年体育活动参与方面做出了很大的贡献，是值得肯定的。

第七，体育教师的配备和培养方面。体育教师是学校体育发展的主体，其地位至关重要。在上述5份文件中，只有7号文件没有提及，其余都作为重要内容进行了阐述，从量的满足到质的提高都做出了详细的陈述。根据政策的分析，当前体育教师的来源除了体育教育专业学生，还可以通过各种途径进行补充完善，最近呼声最高的是退役运动员或教练员，然而如何实现两者之间的互通是值得研究的课题。另外，专兼职共存也是接下来很长一段时间内存在的现象。国家的公费生培养计划、特岗计划、支教计划、志愿者及购买公共服务等都是为了解决体育教师的配备问题。与此同时，国家也高度关注体育教师质量的提高，“国培计划”、海外访学计划、体育骨干教师培养计划等都是为了提高体育教师的教学能力。而乡村体育教师及中西部地区体育教师的配备都是政策十分关注的内容，也体现出体育教师分配的地区差异性和不均衡性。

第八，场地设施建设方面。场地设施建设一直是阻碍学校体育发展的重要因素，也是各份文件都会重点提及的主要内容。通过对5份文件的分析，细则的陈述大同小异。遵循的原则基本为保基本、兜底线。首先要满足教学的基本需要，再通过各种途径满足青少年课外体育活动的需要。目前采取的主要途径的核心为“共享”。从2007—2020年，政策一直提倡公共体育场馆的开放或共享，但效果都不明显，推进步伐非常缓慢。尤其是在农村，场地设施的建设仍然是一大难题。由于人口密度高，城市面临的问题也比较突出，严重限制了学校体育的发展。作为学校体育发展的基本条件，必须着力推进改善现有的状况。为此，政府的参与和各部门的协同配合至关重要。

除此之外，在这5份文件中，只有27号文件提及要为体育教师配备必要的装备。这对于调动体育教师的积极性至关重要，但之后的文件没有很好地延续。2020年出台的《意见》提出了开设社会课程，并研究制定国家学校体育卫生条件基本标准的建议。追根溯源，学校体育场地设施建设进展缓慢，最根本的原因是缺乏国家统一标准。这一标准是最低标准，是任何地区、任何经济条件下都需要达到的标准，是学校体育评估的基本依据。

第九，体育竞赛方面。竞技性是体育的核心和关键，必须给予充分的关注。通过对以上政策分析发现，7号文件和53号文件提及学校体育竞赛的相关内容很少。直到2016年27号文件才给出了详细的陈述，2020年出台的两个新政策将体育竞赛提到了一个前所未有的高度。从中可以看出，之前没有充分发挥出体育竞赛在促进青少年体育参与和健康方面的积极作用。究其原因，一方面是将学校内的体育竞赛等同于竞技体育领域的精英体育，将竞赛功利化；另一方面，将学校体育竞赛与体育部门的竞赛等同，却不能实现与体育部门的互通互融，使学生们缺少参与竞赛的积极性，没有出路或无利可图的竞技，必然无法吸引学生。新时代学校体育发展的需求和竞技体育后备人才发展的需要，迫使学校体育竞赛重新回归人们的视野，并且需要全员的参与。只有如此才会形成良好的学校体育文化氛围，才能调动学生们参与的积极性。2020年出台的《意见》给出了体育竞赛的细则。

第十，学校体育评价方面。十几年来，学校体育评价体系逐步完善。从最初的单项评价发展为多方位评价，从注重结果评价到注重整个体育参与过程评价，从单个责任主体详价到多个责任主体评价，评价机制越来越完善。不仅注重学校体育工作的评价，还加强了对体育教师评价体系的构建和地方政府及负责人的评价，从而全方位地调动学校体育相关人员和部门的积极性。评价指标的复杂化和评价手段的多样化是将来学校体育评价的发展方向，而维系这一体系的必然是应试，只有戳中要害的评价才能真正调动起参与者和相关利益者的积极性。从5份文件的描述可以看出，评价主要是围绕体育中考和即将到来的体育高考展开。除此之外，未来学校体育评价也更加注重学生的日常参与、体质状况的改善及技能的掌握状况，体育素质的高低直接影响学生的综合素质，并成为衡量每一个学生素质的参考因素。

第十一，组织实施保障方面。组织实施是确保文件由理论到实践的关键步骤。为了落实文件，需要在人力、物力、财力等方面加强组织保障。其中最明显的变化在于注重部门间的联合。青少年体育工作部际联席会议制度是实现部门联合，共同应对发展难题的主要途径。这是从2016年就提出来的一项确保学校体育政策开展的重要制度，2020年的文件再次提及，并将其变为现实。除此之外，学校体育政策的组织实施逐步走向法治保障的道路，过去没有文件提及，但2020年的政策给予了高度的关注。法制化的道路是学校体育发展的必经之路。总之，政策的组织实施绝不是简单的财政支持，也绝不是某个部门的责任，需要在良好的社会环境下，在人民（尤其是关键领导人物）高度认可体育的作用并端正态度的前提下，群策群力。

除了以上五大重磅性文件，有关学校体育或青少年体育发展的政策数不胜数。陈长洲等人在《改革开放40年我国青少年体质健康政策的回顾、反思与展望》一文中统计发现，1979—2017年，我国共发布青少年体质健康政策286件，平均每年发布7.3件，发布数量最多的2007年曾达到17件。如此密集地发布促进青少年体质健康的政策足以看出国家对青少年体质健康的关注和重视，折射出青少年体质健康面临的巨大危机，也进一步证明青少年体育工作的成效欠佳。

发文数量多、发文频率高是促进青少年体质健康的政策发布呈现出的一大特色。除此之外，发文部门多也是特色之一。据统计，我国青少年体质健康政策的发布机构涉及全国人大、中共中央办公厅、国务院、教育部、国家卫生和计划生育委员会、国家体育总局、共青团中央等多个部门。体现出青少年体质健康工作引起了多部门的重视，也构建出了发挥中共中央、国务院的领导作用，形成以教育部和国家体育总局为主要管理主体，共青团中央辅助实施的多层面、多方位的管理组织体系。同时，我们也应该清晰地看到，过多的发文部门也会造成行政管理的冗繁、职责不清，很难全面实现部门间的协调一致，导致政策实施效果欠佳。

关于青少年体质健康政策还呈现出“临危上任”的特色，且绝大多数政策出现内容重复、反复制定的现象。一般情况下，当体质检测的结果呈现下降或不良的发展趋势时，专家学者或某部门的强力督促和谏言往往成为青少年体质健康政策出台的推动力。也就是说，不断地出台政策成为遏制不良趋势的主要途径。政策的出台多是用来“治病”而非“防病”。这种被动的用出台文件强制执行的做法，虽然能在一定程度上或短期内改变青少年的体质健康状况，但很难起到长期的影响作用。当这种强制力稍微减弱时，学校等部门就会放松，极易造成学校为了应对政策实施的检查，而大搞形式主义、虚假主义，从而很难从根本上提高青少年体质健康水平。另外，过多的政策也会带给学校、教师压力，或者使他们迷失方向。因此，关于青少年体质健康方面的政策应该尽量做到少而精，而非多而杂。

除了以上几大特色，当前有关青少年体质健康促进策略多为宏观指导、顶层设计，缺乏微观执行标准和措施。在实际的实施中，由于各个地区的经济发展水平参差不齐，学校也存在很大的发展差异，很难统一达到顶层设计的目标。尤其是在地方，最为欠缺的就是根据顶层设计和地方实际状况制定出符合自身特色的微观目标或标准。由于缺乏标准，最终导致青少年体质健康的评价工作难以展开。因此，正确的做法应当是在顶层设计出台后，基层联合所在地的中小学认真研究部署并制定出适合学校实际的细致的执行政策，设置短期目标和长远目标，并出台奖惩评价标准和措施，鼓励中小学通过开展各类活动实现目标。

另外，通过研读政策，不难看出有关促进青少年体质健康水平的政策条文描述模糊，缺乏执行的强制性。当政策文件颁布后，关于执行的状况往往缺少进一步的跟踪调查，也没有统一进行标准化的评价或绩效测评，使政策执行者积极性不足。

以上文件的出台都具有非常重要的历史意义。据统计，有关学校体育工作的政策文件是中小学所有学科中最多的，这充分证明了党和国家对青少年健康问题的高度重视。这些文件大都是从顶层指导的角度制定的，用于引领不同时期青少年体育的发展方向，对于规范学校体育课程教学等具有非常重要的意义。因此，需要消除政策执行过程中的各种障碍，搭建多元化的桥梁，构建具体的实施路径，因地制宜、因校制宜，让这些顶层设计落到实处才是推动青少年体育发展的关键。

7. 关键性学校体育政策的执行

一场完整的课程改革必定包含课程设计、课程实施和课程评价3个重要的环节[1]。研制体育与健康课程标准（教学大纲）只是完成了课程设计的环节，这一环节往往是宏观的、理想化的。那么接下来的课程实施环节则是要把设计完美的理论文本转化为行动，使之成为教师的实践课堂和学生的体验课堂。然

[1] 张细谦. 体育课程改革的学理辨析［J］. 体育学刊，2014，21（1）：14.

而，这两个环节之间存在着种种障碍，让这些政策束之高阁，难以落地。还出现了“漠不关心，敷衍了事”“形式执行、曲解执行、缩水执行、滞后执行”等现象[1]。如同课程改革面临的窘境，有关学校体育的政策也出现了执行难、落地难的情况。实际上，政策的执行主要涉及以下几个层面。

（1）教师自身层面的问题

教师是体育教学的主力军，是实现学校体育政策目标最根本的践行者，是政策执行的最后一道关卡。如果这一环节存在的问题得不到及时的纠正和解决，那么政策就难以落地生根。实际上，学校体育政策在执行过程中涉及的教师层面的制约因素主要包括两个方面，一是心理层面，二是技术层面。

首先，心理层面的制约主要表现在教师对学校体育政策抵触、消极的情绪上。

第一，学校体育政策出台的数量之多有目共睹，实际执行效果却不尽如人意。政策出台时面面俱到，雄心壮志，大有一扫学校体育发展之阴霾，全方位改善其发展的尴尬局面之势。然而，令人失望的是，很多政策并未对学校体育的现状有明显的改善，最终无疾而终，销声匿迹。作为学校体育工作者，久而久之便对新政策的出台不抱有过高的期望，似有一种事不关己，甚至是消极应对的情绪，缺乏对政策积极主动的学习和研究。

第二，这种心态还与教学条件落后有关。政策对学校体育的发展提出很多要求，但是学校实际的教学条件却难以确保任务的完成，如场地不达标、设施不完善、师生比严重超额、教师待遇低、教师其他方面工作压力大等更是让教师心有余而力不足。面对各种检查和督导，教师们只好使出浑身解数被动应对，甚至是弄虚作假。

第三，教师们这种不良的心态还与学校领导的工作作风和管理制度有着密切的关系。教师们的工作热情有时是被不合理的制度打击的，学校内部的体育参与环境差，体育教师地位低，体育教师遭遇的不公平待遇，尤其是学校对体育工作的无视和应付做法使广大体育教师“凉了心”。即使有热情或愿意进行教学改革的教师，也会因为较差的工作环境而放弃。

第四，体育教师的工作任务繁重也使他们不能全身心投入到体育教学中去。有限的教师每天要承担多个班的体育教学任务，从而使体育教师授课学时

[1] 何劲鹏，等. 我国学校体育政策执行“不良心态”本质透析与制度性化解［J］. 北京体育大学学报，2018，41（2）：88.

严重超标，工作任务十分繁重，没有充足的时间进行教学研究和创新，只能疲于应对现有的工作，维持现状可能是他们更好的选择。

体育教师是政策执行的最后一道关卡，必须加强政策文件的学习和研究。但是整个社会对体育的认知和偏见，还有各类教学条件的限制使他们心理上发生了很大的改变，从而导致消极情绪的产生。

其次，技术层面的原因则是教师本身的能力难以满足日益提升的学校体育发展的需求。通过对《关于全面加强和改进新时代学校体育工作的意见》的解析发现，当前和未来一段时间对学校体育工作的要求越来越高，不仅要实现量的改变，更需要从质上突破，这也对体育教师提出了更高的要求。然而，从现实状况看，教学质量的提高绝不是一朝一夕能够达成的。诸多学校尤其是经济条件比较差的学校，由于教师来源多样，所以教学质量也无法保证。师资不足和教师能力水平有限完全限制了学校体育的发展，也影响了学校体育政策执行的效果。虽然我国也开展了“国培计划”“体育骨干教师培训计划”，但对整个学校体育的发展而言，作用微乎其微。因此，从学校体育长远的发展来看，必须注重体育教师教学能力的改善，而实现这一目标的第一步要从重视体育课开始。

（2）学校层面的问题

相较于教师，学校在政策执行方面所起的作用更加重要。学校是否将学校体育发展纳入整个学校教育工作的体系之内，以及学校体育在整个体系中所占的比值，直接决定了学校体育工作的发展。然而，学校教育工作涉及方方面面，是一个庞大的系统，体育工作只是庞大系统中的一个部分，同时由于历史的原因，体育经常被人们视为“副科”，使其在整个教育体系中所占的比重较低。当有关学校体育发展的政策文件出台之后，学校作为主要的执行主体，却未将其视为主要的工作进行有效推进，从根本上限制了政策的执行，政策执行也就走了样。

学校体育工作是否被重视还与学校校长对体育的认知密切相关。校长是学校工作的决策者，学校体育工作被置于何种位置，完全由校长决定。但是由于升学的压力或校长对体育工作的认识不足，极有可能影响学校体育政策在学校的有效执行。因此，首先要从校长对体育的认知入手，只有校长重视了，政策执行才会顺畅。

另外，学校体育政策执行难的另一个原因在于施加压力不足，政策执行的监督和评价没有切中学校发展的要害，让学校有漏洞可钻，这种投机取巧的做法极易造成政策执行效果差的问题。

以往学校体育政策普遍存在条款的描述过于宏观、宽泛，语气过于柔和，喜欢采用建议式口吻的问题，容易给人模棱两可的感觉，缺乏统一的衡量标准。

与此同时，国家层面的学校体育政策需要地方政府或学校根据当地的实际情况制定执行的细则，但这往往是欠缺的。

从评价的角度来说，当前采用的评价方式多为由专家组成的专家组入校针对学校体育工作进行一段时间的评估，评估内容涉及学校体育工作的方方面面。但是这种评估是预先通知的，给了学校充足的时间做好各种准备。这一做法就为学校弄虚作假提供了机会。当得知要评估时，学校就根据评估的标准，展开各种“补救式”的工作，最终往往也都可以顺利过关。这种打招呼式的评估起不到该有的效果，反而助长了学校造假的风气。以体质测试数据为例，这些数据应当完全反映出学生的体质状况，以便针对此数据开展各种改革创新，更有效地进行学校体育工作。但是为了让学校体育工作成效更“显著”或是“不那么难看”，数据的真实性大打折扣。评估只看数据的结果，而不重视这些数据是如何测试出来的，过程是否真实可靠，参与测试的人员是否专业、尽职尽责，数据录入时是否认真仔细。其实，过程中任何一个环节都会造成数据失真，而我们却根据这些数据制定政策，或依此进行教学改革，必然不会获得好的效果。

因此，学校体育政策执行的评价直接决定政策执行的深度和科学性，必须对评价指标、评价方式、评价标准等各方面细致研究，杜绝任何可能出现的舞弊现象。总之，学校是学校体育政策执行的关键部门，也是决定政策执行成效的重要因素。如要提高政策执行的效力，必须从校长和评价两个方面入手，一方面引起重视，另一方面施加压力，让学校无漏洞可钻，唯有认真执行。当然，执行的标准、执行的细则、评价的标准与指标等也必须结合学校实际，绝不能搞一刀切。只有这样，学校在政策执行方面才更有动力，执行效果也会更好。

（3）政策本身的问题

从政策的制定主体来看，政策的制定者涉及多个部门，最初是为了发挥各部门的综合作用，共同促进学校体育事业的发展。然而，在政策实施的过程中，各部门因维护自身利益，出现互相推诿、各自为政的情况，难以进行有效的合作和协调。如当教育部门鼓励各省市区政府部门有针对性地制定因地制宜的文件政策来督促学校重视体育工作时，显得心有余而力不足；当需要财政部门协作增加学校体育经费时，意见和矛盾频发，推进难上加难；在教师的聘用、培训等一系列师资问题方面，与人事部门的沟通协调出现困难。除此之外还有太多的利益分配和资源调配的问题需要解决，政策的实施困难重重。造成这一现状的根本原因在于缺少一个部门间的协调机构。当前青少年体育联席会议制度的建立让各部门之间的协调统一成为一种可能。但是由于这个制度成立不久，欠缺经验，需要进一步推进相应的工作，尽可能发挥这一联席制度的优势为青少年体育的发展服务。

从政策执行形式来说，宏观政策是一种理想化的构想，为了让这一构想落地生根，需要基层各部门的配合和支持。但这种配合和支持必须是主动的、自愿的，能够发挥基层的主观能动性。然而，在现实的政策实施过程中，往往采用自上而下的行政命令方式，让基层实施单位压力倍增，尤其是各种检查让他们异常反感。久而久之，便会出现抵触心理。造成这一现状的原因在于政策在实施过程中很难调动执行者的积极性，只强调执行的结果，不关注执行的过程，使很多学校无法达到政策的要求，为了应付检查便开始弄虚作假，使政策的实施变了味、走了样。所以，由于各地经济条件、人文环境、区域差异、历史传统等的不同，政策的实施绝不能只注重执行的结果，也绝不能完全强制性地实施，需要看到执行主体在政策执行方面取得的进步，以及学校体育改善的情况。评价的指标必须更加科学、因地而异。否则不但违背了政策的初衷，还会造成更加不良的后果。

从政策的督导评价来看，政策实施的好坏需要有科学的标准进行全方位的评价。但是在我国的学校体育领域并未就出台的学校体育政策形成统一的实施细则和评价标准。基层实施单位改革目标不明确，评价标准主观性强，缺乏统一性，从而增加了基层实施单位改革的惰性。尤其是出现不公平的评判时，学生极易产生抵触和逆反心理，甚至放弃的行为。另外，评价对象仅局限于学校也是不合理的。政策的顺利执行绝不能只依靠学校，还需要政府或相关部门的支持和家庭的关注。但是当前的评价往往只关注学校，而忽视了对政府或相关部门的评价。因为学校体育工作的开展需要来自政府的制度保障、财政保障、人员保障等。在这些保障都不能有效供给的前提下，单纯评价学校是极不科学，也是不公平的。政府有没有提供必要的保障，提供的保障能否满足学校体育发展的需求，政府在学校体育发展方面的职能行使得如何，也应成为学校体育政策执行效果重点评价的内容，并且还需严格划分责任，对执行不力的当事者给予惩罚。除了政府部门，家庭对学校体育的支持力度也至关重要。对学生的评价也应包含家庭在支持学生体育参与方面所做的努力，让家庭承担起改善学生体质的重要责任。所以，关于学校体育政策执行效果的评价应该形成地方政府部门、相关职能部门、学校、家庭、社会等全方位的评价体系，任何一个环节的缺失或不足都会影响政策执行的效果，阻碍学校体育的发展。

需要明确的是，我国学校体育政策的出台往往轰轰烈烈，但是缺乏跟踪性调查及政策间的衔接和递进，故需要对每一个政策的执行情况进行分析，以更好地指导下一个政策的实施。

综上所述，学校体育政策执行是一个庞大的体系，涉及很多方面，存在诸多影响因素。在政策的监测与评估上，需要进一步完善复杂、立体、动态的学校体育政策监测与评估体系。要构建由学校体育政策执行者、专业机构、行政部门、大众媒体和公众及跨部门的政策监测与评估委员会等组成的多元复合体，运用以成本效益分析和统计抽样分析为主的方法，对政策成本、政策需求与满意度、政策执行力及政策影响与结果等进行量化统计和质性描述，及时发现问题、解析问题，在此基础上调整政策方案或出台相关配套措施。只有这样，才能不断改善政策执行过程，以更好地实现政策目标。

第四章 青少年健康促进策略研究

健康促进是一种融合自然科学、健康科学和行为科学知识，通过改善包括身体活动、饮食习惯和心理状态等在内的生活方式，寻求与整个环境的和谐统一，以提升生命质量的整体策略[1]。因此，促进青少年健康就是要从增加青少年的身体活动、改善其饮食习惯，以及促进其心理健康等方面着手。而充分利用各类资源、采取多种途径来增加身体活动参与量是实现健康促进最为直接和有效的手段。实践证明，通过增加身体活动增进健康已经成为世界的共识。2018年，《世卫组织2018—2030年促进身体活动全球行动计划：加强身体活动，造就健康世界》（*"WHO Global action plan on physical activity and health 2018-2030: More active people for a healthier world."*）的颁布就是要号召全世界行动起来，为人们提供更多的服务，让人们更加便利地开展更多利于健康的身体活动，更加有效地推动本国人民积极参与各类身体活动，真正实现"让世界各地的所有人每天都动起来"（Let's Be Active: Everyone, Everywhere, Everyday）。

青少年的身体健康牵动着全世界，世界卫生组织及各个国家也在竭尽全力改善其身体活动不足的现状。在当前的背景下，要切实改善青少年的身体活动水平，我国必须动员各方力量，充分考虑青少年在性别、年龄、兴趣爱好等方面的差异，密切关注各类对青少年参与身体活动的影响因素。结合当地实际，以学校体育为基础，充分利用不同时间段，在专业人员的指导下，开展丰富多彩的学校活动、课外体育活动并制订计划，同时对其进行有效的监督和评估，是当今各国采取的基本手段。因此，为了改善青少年的健康状况，完成以上各项艰巨而复杂的任务，需要多方付出努力。无论是家庭还是社区、学校及全社会，都需要共同承担起这一重要责任。

学校是促进青少年身心健康的首要责任主体，通过本书第三章对关键性

[1] 汪晓赞，郭强，等. 中国青少年体育健康促进的理论溯源与框架构建［J］. 体育科学，2014，34（3）：4.

政策文件的分析和解读，也充分阐明了国家在青少年健康促进方面对学校的要求，因此，学校应采取多途径、多手段增强青少年体质，使学生在体育参与的过程中“享受乐趣、增强体质、健全人格、锤炼意志”，为学生终身的健康成长奠定坚实的基础。

长期以来，为了实现这一目标，不同层级的学校、相关责任人都在为之努力，也形成了固定的思维，即通过体育课来改善学生的体质状况。但在笔者看来，学校首先要从增加学生的身体活动开始。身体活动主要是指骨骼肌所产生的任何需要能量消耗的身体运动。从身体活动的定义我们便可以明确，任何形式的身体活动都会带来能量的消耗，比起伏案学习，任何形式的骨骼肌运动都能在不同程度上对学生的健康产生积极影响。所以，单从健康促进的角度，学校应该打破之前的固定思维模式，以更加广阔的思路来应对这一问题，从而大胆革新，切实促进青少年的健康。当然，不得不承认的是，增加身体活动最有效的方法首先就是体育课，其次才是各种灵活多样的身体活动。以下笔者将从学校的角度，结合身体活动促进的思路，尝试提出促进青少年健康的策略，为青少年健康促进提供一定的建议。

一、青少年健康促进的首选——体育教育

体育教育是通过向学生提供一个有计划的、循序渐进的且有不同年级水平标准可依的课程计划和指导性大纲，来发展学生的运动能力、身体素质并养成良好的生活习惯，从而塑造良好身体条件、培养体育精神、提高学生自我效能感和情商的一种实践活动[1]。有关学校体育发展的政策文件也都详细部署了体育教育工作的发展思路、目标、原则、责任和主要的行动措施等。统观所有的政策文件，体育教育工作的开展主要涉及政策与环境的构建、课程设置、正确指导和学生评估四个关键部分。如果这四个关键部分能得到有效的改善，那么体育教育的质量将会得到提升，并在促进青少年健康方面发挥作用。

（一）构建体育教育开展的和谐环境、提出切实可行的政策是实现健康促进的前提条件

明确的学校体育政策有助于创造一个确保所有学生都能接受体育教育的

[1] http://www.shapeamerica.org/publications/resources/teachingtools/teachertoolbox/explorepe.aspx

环境，为评判学生的成绩提供依据，并有助于保证体育教育标准的一致性。所以，有效开展体育教育的前提是必须努力为其构建和谐的发展环境和因地制宜、切实可行的政策保障。

1. 微观政策文本的制定与评估细则的制定

在政策保障方面，不同的历史时期，我国陆续颁布了不同的学校体育政策文件，这些政策文件也促进了体育教育事业的发展。通过第三章的解读和分析，可以确定的是我国的体育教育事业一直都不缺少保障其发展的宏观政策文件。但是，我国更缺乏的是在国家宏观政策文件的指导下由各省、市颁布制定的适合本省、市发展的微观政策文件，还缺乏就宏观指导文件的条款制定的评估细则。没有评估细则就会使政策的执行失去方向，也使政策的执行主体缺乏执行的动力，从而导致政策执行的偏差和不公，也必然导致体育教育标准缺乏一致性。因此，在构建促进体育教育发展的政策保障方面，关键之举是基于国家的政策文件制定出切实可行的微观政策和评估细则。

那么，就微观政策而言，就是将国家层面的宏观政策结合当地发展实际拆分出更加细致、可执行的细则条款，并最终实现国家对体育教育发展的要求，而这些细则条款也将进一步成为评判学校体育工作开展成效的主要依据。无论是多复杂的政策文件，对体育教育来说，必须囊括保障其发展的基本条件（表6）。

表6 体育教育政策环境保障基本条件明细表

	基本条件
1	在正确的指导下，保证中小学所有年级的所有学生均须参加并完成国家规定的体育课时
2	学区和学校须确保所有学生参与体育课的权利
3	学区和学校不得允许学生放弃体育课
4	学区和学校不得允许学生用其他任何形式代替代体育课
5	体育课的学生容量应与其他课程保持一致，并符合规定的师生比率
6	身体活动不能作为惩罚学生的方式
7	体育课须由具备国家认定资格的体育教师讲授

基于以上的条件，反观我国体育教育的现实状况，确实存在一定的差距。第一，体育课时方面，我国所有年级的中小学生还面临体育课课时得不到有效保障的尴尬局面。虽然较之前有所改善，但仍然存在被挤占、挪用的情况。第

二，在某些学校，学生参与体育课的权利也被侵犯，很多弱势学生参与体育课的权利更是难以保障。2016年，有关学校体育发展的政策文件曾对残疾学生体育课做出了明确的要求。但是2020年颁布的学校体育政策中对这一方面的论述已不见踪影，必然不能很好地保障残疾学生的体育权利。第三，现实中，还存在学生放弃体育课的现象。学生放弃体育课主要是因为缺乏自信和课程内容设置不合理，以及体育教师不称职。但不管何种原因，学校都不能允许学生放弃体育课，而是应想尽一切办法为其提供更加适合，并能使其产生兴趣的课程。第四，体育课对学生产生的影响绝不仅仅是体质的改善，还包括意志品质、人格、自信等心理方面的改善。第五，师生比不合理是我国体育教育中存在的严重问题。首先我国并没有详细规定具体的师生比，没有标准可依，问题就很难解决。尽管颁布的政策文件提出了诸多解决措施，如兼职、支教生、定向公费生、优秀教练员或退役运动员担任体育教师，但是还未形成适合的模式和有效的实施手段，所以仍很难确保适宜的师生比。体育教师仍然面临着高强度的教学任务，大班授课不在少数。第六，体育教师的资格问题也是困扰体育教育发展的一个因素。在一些学校中，语文、数学教师担任体育教师的现象屡见不鲜。不符合国家标准的体育教师必然很难保证体育教学的高效开展。

通过对体育教育基本条件分析发现，我国体育教育的环境保障政策仍不乐观。在笔者看来，有关学校体育发展的微观政策或评估细则首先应瞄准以上几条，切实保障学生体育参与的环境。

2. 营造体育教育发展的和谐环境

政策文件的制定是为体育教育的发展营造良好的政策环境，也是体育教育工作开展的前提。然而，促进体育教育发展的环境还包括社会环境、学校环境、家庭环境及班级环境等。因此，需要营造可以促进学生体育参与的环境，让他们在体育运动中享受乐趣，并逐步养成终身锻炼的良好习惯。

（1）营造体育教育发展的和谐环境始于重视

任何环境的营造都必须始于“重视”。所谓重视，即认为某件事或事物很重要，需要认真对待。当前我们未将体育教育各项工作摆在应有的位置，也没有认真对待学校体育工作，结合学校现状认真分析研究制定出可行的计划。目前学校体育工作形式丰满，但内核欠佳。

那么，如何提高人们对体育的重视呢？在笔者看来，首先要改变人们对体育的认知。长期以来，体育之所以“低人一等”，与一定的历史背景有关。受儒家思想等传统思想的影响，“重文轻武”的思想观念根深蒂固。“以文”选拔人才的制度从根本上决定了任何与身体练习相关的内容都不会得到过多的重视。长此以往，体育只能沦为身体练习手段，人们对其的认知也停留于表面。在高考指挥棒的指引下，“重文轻武”的现象愈加严重，体育对青少年健康成长的促进作用仍被人们忽视。因此，学校体育的发展或体育教育的发展首先需从提升认知抓起，改变人们对其长期以来的片面认识，使其真正认识到体育教育多元化的价值，尤其是对青少年成长的价值。不同层级的相关部门或相关群体必须通过各种途径、充分利用各种资源，向全社会展示体育的魅力和对儿童青少年健康成长的重要作用。当前可利用自媒体对体育进行宣传，从而改变陈旧的观念。虽然发挥体育在人才选拔中的重要作用是一种引起社会重视的重要途径，这种强迫式的推行也许能取得立竿见影的效果，但是这种倒逼如果超越了度，那么可能会出现投机取巧的现象或起反作用。体育应当渗透于生活、学习的全过程，这就需要通过各种途径宣传普及相关的知识，从人的发展需求的角度改变人们的认知，提升人们对体育的重视。

首先，对体育认知的深入在于国家将体育的发展放在什么位置。国家对竞技体育的重视造就了中国竞技体育的崛起，那么学校体育及体育教育的发展也必须通过国家政策的引导来提升。对体育认识的深入还取决于教育部门、学校及家庭，须改变学校以升学率为主的评价标准，改变家长对体育的认识，从而让青少年形成体育参与的习惯。

其次，“重视”来自态度的端正和动机的纯正。当人们对体育形成正确的认知后，接下来便是端正对于体育参与的态度。从本质上来说，体育参与应当成为青少年的一种日常习惯，如穿衣、吃饭，但实际上体育参与被功利化、锦标化、精英化，而不是兴趣化、大众化。竞技体育的发展模式渗透到学校体育中，这种精英化的竞技模式将学生无形中分为不同的等级，佼佼者被特殊对待，而那些不太擅长的学生则被边缘化，也因此失去了参与的自信。对家庭和学生本人来说，将体育作为升学的渠道也是一种功利性的表现。升学压力给家庭和学生带来了压力，“体育毕竟是一种出路”的心态将学生进行体育锻炼变得功利化。这种态度注定只能引起少数人的重视或擅长者的重视。因此，无论是对学校还是家长学生来说，必须端正对体育参与的态度和动机，这样才能真正对体育重视起来。

最后，“重视”最直接的体现是行动。当相关部门和群体形成科学的认知和端正的态度后，接下来需要的便是付诸实践。体育参与需要极大的耐心和坚持不懈的精神，同时高强度的体育运动还需要很大的决心和毅力。青少年心理、思想还不成熟，他们对体育参与的需求并不是十分强烈，对于身体的挑战也许会让他们坚持不下来。因此，需要家长、教师或同伴的鼓励，以及完善的场地设施及必要的物质和精神奖励等，以帮助他们坚持不懈地参与体育锻炼，进而达到身体素质改善的目标。

（2）营造体育教育发展和谐环境的根本——行动

营造体育教育发展的和谐环境，“重视”只是第一步，下一步便是各方用实际的行动为青少年体育参与构建出良好的环境。

我们可以为其营造宏观的体育参与氛围，发挥社会大环境对其潜移默化的影响作用，营造全民健身的氛围。全社会健康观念的提升，体育参与人数的增加，体育参与条件的进一步完善，必定能为青少年的体育参与奠定坚实的基础。

营造良好的校园体育文化氛围是学校应当承担起的责任。学校体育文化的建设首先要依靠体育赛事。学校通过举办各种赛事，吸引全校学生积极参与，让学生在赛事中体验体育参与的快乐，增强其长期坚持体育锻炼的兴趣、恒心和毅力。这里的赛事绝不是少数“精英”参与的赛事，也不是单个项目的赛事，而是根据不同年龄、性别、能力水平、兴趣爱好和项目分别开展的不同级别的运动赛事，是真正的全员参与。在紧张的学习中，每个孩子都渴望通过体育参与获得快乐，扫除伏案学习带来的身体的不适及精神上的压力。学校应该通过普及健康知识，让孩子全方位了解体育参与的意义，学习掌握体育锻炼的原理、科学的健身方式，从而形成科学的健身观。相比简单的动作模仿，真正做到知其然又知其所以然是更重要的。很多青少年不愿意参与体育锻炼是因为错误理念的引导和体验感较差的体育参与经历让他们对体育参与产生了不良印象。他们把体育参与等同于单调枯燥、劳累无比的跑圈，体会不到乐趣，长此以往便产生了抵触的情绪。其实，学校体育环境的营造最终落脚点应该是班级。相比学校宏观环境的营造，班级体育参与氛围的促进作用更加明显。因此，班级内应定期开展各类型的体育活动，动员全班同学积极参与，并通过家长课堂、班会、竞赛等多种形式向学生普及健康知识，拓宽学生的知识面，端正其体育认知和态度，调动其体育参与的积极性。

总之，有规律的身体活动需要在特定的环境中完成。青少年阶段是孩子系统参与体育锻炼的起始阶段，任何一种体验和知识的灌输都会对其产生深刻的影响。在中小学阶段，学校通过营造积极、健康的体育参与氛围，端正青少年体育参与的态度，帮助他们形成强烈的参与动机和积极参与的行为至关重要，因此必须引起高度的重视。

从营造家庭体育环境的角度出发，父母的体育参与意识、体育参与的行为将会影响孩子，以提升孩子的体育锻炼意识。首先，父母应该以身作则，自己主动进行体育锻炼，从而潜移默化地影响孩子，这比命令式的督促更能激发孩子体育锻炼的兴趣。其次，当发现孩子有体育爱好，便可鼓励他们坚持进行。当发现孩子产生惰性时，则可与孩子一起并肩作战，共同克服体育参与道路上的种种困难。这种和谐的家庭氛围必定能够培养出体育的积极参与者和终身体育锻炼习惯的养成者。最后，家长还要帮助孩子达成体育参与和学习之间的平衡，既可以完成文化学习，又可以更好地参与体育锻炼。大量的理论研究已经证明身体活动有助于提高学业成绩，包括日常学业成绩和标准化考试成绩[1]；身体活动也对认知技能、态度和学习行为有积极的影响（包括提高注意力、改善课堂行为）。只有这样，学生参与体育锻炼的障碍才会大大减少。

综上所述，我国中小学体育教育的发展首先需要构建一个维护体育教育价值、地位及公平性的大环境，这是顺利开展一切体育工作的前提。只有在这样的大环境下，体育教育才能得到应有的重视，体育的育人作用才能得到有效发挥，体育才能摆脱尴尬的地位，学生的体质才会改善。

（二）基于国家标准和年级水平的课程的设置

中小学体育课程应该严格按照国家课程标准，制定符合年级水平的课程目标。在这一书面课程计划中，应包含教师需要实施的与教学目标一致的单元内容，以及各项针对不同需求和不同能力水平的学生的教学策略，而且需要从整体构架上充分考虑教学的范围、班级的容量和内容的顺序性。除此之外，还包括课程资料的准备、课堂气氛的营造、作业的分配及对学生的评估、反馈等。

1. 我国中小学体育教育标准的理论依据——体育素养

体育素养是指终身从事体育活动的能力、信心和愿望。能力是指基本运动

[1] Centers for Disease Control and Prevention. The association between school based physical activity, including physical education, and academic performance. Atlanta, GA: US Department of Health and Human Services; July 2010.

技能的能力，以及允许个人参与各种各样的游戏和活动的综合能力，这些能力的培养是通过一些非正式的游戏和有意识的运动技能的传授来实现的，其中包括跑步、平衡、跳跃、躲避、滑翔、举重、游泳、踢、投掷等一系列需要手眼协调的技能。自信是知道自己有能力从事某项运动或享受其他身体活动。这就要求设计能够允许不同能力的学生参与的项目和场所，以及获得来自父母、监护人、教练、管理人员、队友和同龄人在整个过程中的支持和鼓励。愿望是对身体活动的内在热情，无论是有组织的还是非结构化的，还是传统的运动或替代性的运动，都可以通过早期的积极经验来实现，并且孩子们可以在这些有趣的经历中有所收获，并竭尽全力参与。

体育素养的培养是全社会通过各种形式的运动（既包括休闲娱乐，也包括组织化的运动、竞赛）使儿童社会化，这也是儿童社会化的基础，不是固定的状态，不是一旦形成便可终身保持的状态，而是一个动态过程。体育素养的培养是一个终身的过程。其中，幼儿基本运动模式的发展或是年龄较大儿童向更复杂技能的过渡是以早期的参与体验和技能获得为基础的。在一定程度上，一个人运动习惯的养成和运动模式的形成取决于早期经验、参与新的运动的机会及早期指导和实践的质量。因此，应高度关注人发展早期身体素养的培养，尤其是在青少年时期，更要加强对人早期发展阶段的身体活动的干预，为终身体育习惯的养成奠定基础。

总之，我国的体育教育事业也应秉承体育素养培养的目标，将体育素养纳入国家标准，为教育工作者提供一个框架，让学生养成终身体育锻炼的习惯。身体素养的培养需要从以下几个方面入手。

（1）体育品质和认知的培养

中小学生体育素养的养成不仅仅是运动技能的发展，也需要培养使用这些技能的思维。因此，除了对运动能力、健康行为的基本要求，培养中小学生的体育品质和体育认知也至关重要。帮助中小学生在熟练掌握一项或多项运动技能的基础上，将体育运动融入其日常生活，养成健康的生活方式，为终身体育的开展铺平道路。所以，制定以体育素养为核心的中小学体育教育标准是新时代体育教育工作的重要任务，是指导中小学体育教学的重要文件。美国国家体育教育标准（表7）的制定就很好地贯彻了身体素养的培养目标，对我国来说也是一个很好的参考。

表7 SHAPE America制定的国家体育教育标准中有关体育品质的要求（2013版）

	标准内容
1	具有身体素养的个体须责无旁贷地展示出尊重自己和他人的个人和社会行为
2	具有身体素养的人须意识到体育活动对于健康、娱乐、挑战、自我表达和/或社会互动的价值

资料来源：http：//www.shapeamerica.org/standards/pe/

2018年1月《普通高中体育与健康课程标准（2017 年版）》的颁布实施是我国紧随世界潮流，基于身体素养培养理念创新性提出的以运动能力、健康行为、体育品德的培养为主的体育学科核心素养培养，进一步强化了学校体育“健康第一”的指导思想。明确了普通高中体育与健康课程是一门以身体练习为主要手段，以体育与健康知识、技能和方法为主要学习内容，以培养高中学生的体育与健康学科核心素养和增进高中学生的身心健康为主要目标的课程[1]。这是值得肯定的重要成就，也是我国体育教育发展过程中具有里程碑意义的改革。但是，不得不承认的是，这只是针对高中生的体育课程标准，忽略了前期基础阶段体育素养的培养，尤其是小学、初中阶段。没有小学、初中的积淀，就对高中生有更高的要求，必定会导致问题重重。对我国来说，身体素养理念开始被重视，但理念的普及应更加基础、连续，实现学段间的衔接。

（2）中小学体育教育注重不同年龄段身体干预内容

德克萨斯大学奥斯汀分校名誉教授罗伯特·马利纳（Robert Malina）在分析大量数据后提出：“掌握一定运动技能的儿童青少年会更加活跃。”这就意味着促使青少年积极参与身体活动的前提是要让其掌握一定的运动技能。然而在现实中，许多人错过了习得基本运动技能的最佳时间，导致他们很难感觉自己有能力从事体育活动和其他活动，因而降低了其积极参与身体活动的热情。事实上，60%的儿童在特定的年龄阶段是能够熟练掌握几项基本运动技能的，如果在适当的年龄进行干预，即通过教学，帮助他们发展技能，则十分有利于今后身体活动参与（图3）。这些关键的干预点可以有效帮助青少年在合适的阶段习得基本的运动能力，并有效促进后期的身体活动参与。

[1] 季浏.《普通高中体育与健康课程标准》“2017 年版”对“实验版”的继承与发展 [J]. 首都体育学院学报，2018，30（3）：197.

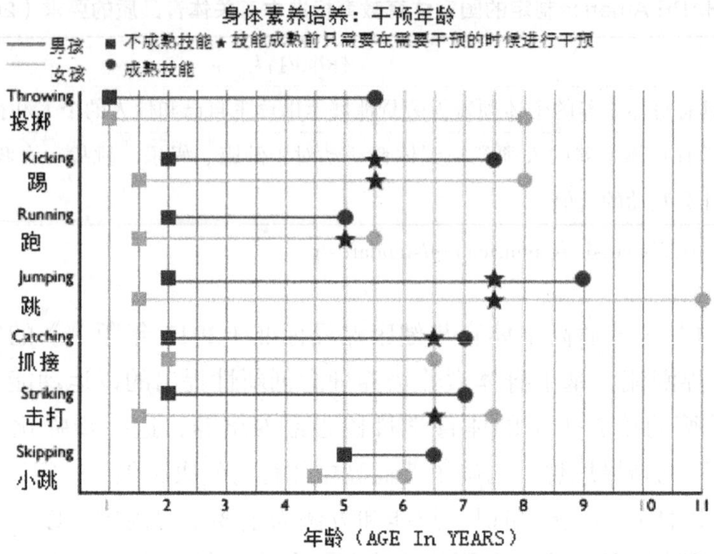

图3　身体素养培养干预年龄

从图3可以清晰地看出，人在成长过程中动作技能的掌握与年龄息息相关。不同的年龄阶段，身体素养的培养重点也是截然不同的。最佳的干预年龄是在11岁之前，尤其是小学和初中阶段。这一关键时期对于整个人生运动技能的掌握和终身运动习惯的培养是至关重要的。因此，我国的中小学体育教育应结合不同的年龄阶段开展不同类型的运动技能培养，做到有的放矢。

（3）中小学体育教育要努力实现全员参与，重视弱势群体的体育教育

中小学体育教育如果能将某些急需帮助的弱势群体包含在内，则可充分体现我国中小学体育教育的包容性、公平性和全员性的特点。这些弱势群体不仅应成为被高度关注的对象，也应成为身体素养培养的重要目标。在中小学体育教育的过程中，对弱势群体身体素养的培养必须获得额外的关注，无论是在项目计划的制定、课程的设计还是场馆器材的安排，都要充分考虑这一群体的特殊需求。

总之，中小学体育教育标准设定的目标，是致力于培养所有儿童的身体素养，帮助他们拥有一个能做他们想做事情的身体——跑步、跳跃、投掷、接球和踢腿，让他们参与到有趣、健康的运动中。

2. 中小学国家体育教育标准的完善与价值取向

到目前为止，我国已经颁布了诸多有关学校体育发展的政策文件以明确学校体育的发展方向、需要重点突破的内容及在整个教育体系中的重要地位。但是，相对于世界上体育教育发展较好的国家，我国的中小学体育教育课程标准需要更加注重人的全面发展，以更好地规范学校体育教育，提高体育教育质量。

以美国为例，从20世纪90年代开始，美国国家运动与体育教育协会（National Association for Sport and Physical Education，NASPE）成立了专门工作小组（Task Force）致力于制定一份被社会高度认可的体育课程标准。从1995年首个国家体育教育标准面世以来，NASPE（后改名为SHAPE America）分别于2004年、2013年先后颁布了另外两个版本的体育教育标准，作为指导各州体育教育的国家性的指导文件。统观三个版本的体育教育课程标准，无论是从标准的框架、学段的划分、具体内容还是评价标准来看，都发生了较大的改变。体育教育标准的内容更加简练、明确、细致，更倾向于在身体素养理论指导下，培养一个完整的人，更加强调体育对学生个体成长的价值。不仅注重技能的培养，而且注重教育学生努力掌握各种与运动和成绩有关的理念、原则、战略、战术及相关知识。同时，高度关注体育教育对于学生德育的影响。这也足以证明德育在“完整的人”的培养过程中的重要价值。另外，标准要求学生在参与体育活动中逐渐领悟到个人责任、与他人合作、规则和礼仪的重要性，并践行与此相关的价值行为。

同时，体育教育标准的修订需要特别注重领域专家科研成果的转化和融入，以此作为标准修改的重要依据。课程标准的修改关乎学校体育的发展方向，因此不能盲目地或随意性地修改。基于大量证据的对课程标准的修改、完善是明智之举，从而真正实现了科研成果的转化，也激发了科研工作者的积极性。

因此，我国中小学体育教育课程标准应越来越强调体育在培养人的过程中的价值。从培养学生正确的认知开始，在参与的过程中逐渐体会体育带来的不一样的快乐体验，不断养成优秀的品质，并最终形成积极的生活习惯。标准的制定须符合学生的身心发展规律，并要得到不同地区、学校、教师等的高度认可，成为指导学校体育教育的重要依据。

3. 设置符合中小学体育教育年级水平的课程目标

对大多数儿童来说，儿童时期的初期他们的身体发育会非常迅速。到了中期，身体发育速度会逐渐平稳，在10～12岁会再次出现迅速增长。所以，针对儿童、青少年不同时期的身体发育规律和心理特点，制定符合儿童青少年年龄特征的体育教育标准和等级是比较明智的选择。但需要强调的是，每一个孩子都在按照自己的规律发展。因此，不应将自己身体素质的提高与同龄人进行比较，而是应注重个人的进步，不断地朝着自己的目标前进。除此之外，还需要认识到女孩和男孩发育速度的不同。因此，儿童青少年的体育教育是一个以性别和年龄范围为目标的过程。中小学体育教育课程标准的制定需充分尊重这一规律。高度重视把年级水平结果指标视为设计和实施体育课程的重要依据。

（1）小学阶段：基本运动技巧、基本健身方法的学习和体育兴趣的培养

小学阶段是青少年动作技能的启蒙期、泛化期，需格外重视运动兴趣的培养，强化小学生对体育的良性认知，帮助其产生运动动机，为后期的体育参与奠定坚实的基础。为迎合该年龄段孩子活泼好动的特点，小学阶段的体育教学内容要利用音乐、舞蹈、韵律等手段，在不同的季节开展不同的游戏化个人项目、双人项目和集体项目及户外教学。让学生在与大自然的亲密接触中、在游戏玩乐中形成正确的认知、产生兴趣，完成基本运动技巧、基本运动方法的学习，避免强制性的、机械的、重复的跑、跳、投学习对学生认知产生的不良影响。

（2）初中阶段：在掌握健身方法、原则、社交礼仪的基础上由游戏向专项发展过渡

除延续小学阶段的游戏和韵律方面的教学内容外，初中阶段的教学需要有明显的变化。除完成每天至少1小时的运动外，初中生还要开展进一步的专项技能学习和校内、校际比赛，并增加健身理念、方法、原则、社交礼仪及安全意识等多方面的教学。着重强调学生自我锻炼、自我指导、自我管理方面的教育。全面的教学理念和内容为高中阶段的专项练习和竞赛打下坚实的基础。

（3）高中阶段：技能专项化和与健康有关的健身技能的普及

无论从身体发育还是心理成熟度等方面来看，高中阶段体育教育都需要在初中课程的基础上进一步专业化、精深化。高中体育课程内容的选择须满足所有学生进行体适能（健身）运动、舞蹈运动和个人终身体育运动的需求。作为必修课程，学生们须自主选择喜欢的体育课程，并获得相应学分。如果将参加体育活动的情况作为大学考评的重要内容，成为考评一个学生是否全面发展的主要依据，则可以极大地提升学生参加的积极性。

简言之，在小学阶段，到五年级或六年级结束时，学习者的主要目标是掌握基本运动技能，并具备选定的技能组合的能力；尤其是具备在舞蹈、体操和小规模练习任务中使用基本运动概念的能力；形成与健康相关的基本健身概念；在身体活动中形成良好的社交关系；了解身体活动对形成生活方式的好处。

在初中阶段，到九年级结束时，学习者在游戏中可以运用战术和策略；能够在不同环境下展示基本的运动技能；能够设计、实施健身计划；自主选择参与体育活动；与同学形成良好的合作关系；接受个体差异并具备包容性；通过参与体育活动实现快乐和自我表达。

从高中初始阶段到高中结束时，学习者具备规划和实施不同类型的个人健身计划的能力；具备从事两项或两项以上的终身活动的能力；描述关键概念；在从事体育活动时树立负责任的行为模式；从事满足自我表达、挑战、社会互动和享受需要的体育活动。

总之，基于国家标准的年级水平学习结果指标为体育教育描绘出了一幅清晰的画面，指明了各年级学习的目标和方向，为中小学体育课程的实施提供了翔实而明确的计划和依据，使体育教育更加量化、科学化。同时，由于各省、市、学校在体育课程内容的设置上拥有较大的自主权，他们可以以此为依据并结合实际，设置更加有效的课程内容，满足学生的多种需求。

（三）正确的指导——以学生发展为中心创设满足所有学生需求和水平的活动

中小学体育教育中的正确指导主要针对学生的不同发展水平和独特需求而展开不同的教育。制定的指导策略应详细列举出不同学段体育教师应当进行的正确指导方式和应当避免的错误的指导方式。体育教师要以学生为中心，为其创设一个专门的、个性化的学习经历。通过多种教学方法，以最有效的方式组织学生参与设定好的身体活动。体育教师可以采用将练习次数最大化，减少小组人数，限制班级竞赛的数量，提供充足的器材和练习空间等方法尽可能让所有的学生都最大次数地参与到活动中，并实现自我指导。体育教师也应尽量让学生在至少50%的课堂时间内进行中等到剧烈强度的体育活动，并在学习环境、指导策略、课程、学生评估和职业水准五个方面制定细致明确的策略。

在学习环境方面，要竭尽所能地为学生提供一个安全、多样、平等及具有包容性的学习环境，不能将身体活动作为惩罚学生的方式，让学生在健康的竞争和合作的环境中共同成长。

在指导策略方面，在保障学生基本体育参与时间的前提下，要满足多方（学生、家长、管理者）关于体育教学的期望，通过丰富多彩的课堂设计，借助科技产品优化教学和学习方式，提高教师教学的热情，做到学生参与最大化，提高学生体育参与的成就感，并积极向各方反馈教学情况，不断完善和改进教学策略。

在课程设置方面，要结合体育教学的特点，单学科或跨学科进行教学，为学生提供学习各项运动技能的机会，在学习过程中教授体育锻炼的理念和知识，增强学生健身的科学性，培养学生的责任感和社交能力。在重大节日中增加体育项目的设置，引起学生对身体活动的重视，增加日常参与率。

在学生评估方面，注重过程评估和评估方式的多样化。尤其是科学设置评估或测试的内容和程序，注重学生进步率，完善学生成长档案，以学生成长进步率作为教师教学评估的重要依据。

在提升教师职业水准方面，要竭尽所能地为教师提供专业进修的机会，以提高教师的权威性，通过教师的身体活动参与为学生营造更加积极的参与氛围。

在我国，有关学校体育的政策文件虽然也对学习环境、指导策略、课程、学生评估和职业水准等多个方面提出了要求和宏观原则，但是还须进一步将这些原则和要求细化、指标化，作为衡量学校体育教育工作成效的评价标准。竭尽所能为学生配备高水平的体育教师资源，为学生营造良好的学习环境，以学生的进步率作为主要的参考指标，注重过程评价，在教授运动技能的过程中不能忽视健身知识、技巧及品格的塑造，让学生尽可能多地参与到体育课中。在这些大纲的指导下，各个学校应结合自己的实际，将大纲中的条款细化、程序化，从而用来指导整个体育教学。这些指标是体育教学需要完成的基本目标，同时也是检验教学成果和学校体育工作的主要标准。

（四）学生评估——多样化评估手段看重学生的进步率

统一且符合实际的健康和体育教育标准为体育教育指明了方向，构建了发展的框架；年级水平学习结果指标又有效指导了体育课程的内容设置；正确的指导策略为体育教育构建了优越的课程环境；而科学的评估手段则是检验体育教学效果的主要依据。当前，我国对学生体质状况的评价是结合《国家学生体质健康锻炼标准》开展每年一度的体质测试。体质测试所获得的数据对于全面掌握我国学生的体质状况，发现学生体质问题及更有效地改进体育教学都具有重要的现实意义。在经历了几十年的实践后，我国的体质测试工作积累了丰富的经验，也向更加科学、公平的方向迈进。但不得不承认的是，中小学的体质测试还存在诸多问题，尤其是在评估步骤上，还存在测序混乱和步骤不健全的问题。结合“美国总统青少年健身计划”的评估步骤，我们在进行体质测试时，应遵循“教授健身理念—为学生做准备—实施评估—通过不同方式对结果进行分析（学生、班级、年级和学校）—帮助学生制定个人目标—帮助学生制定改善计划—帮助学生跟踪进步情况—重新评估”的正确步骤，缺一不可。

以上步骤中，我国的体质测试在“教授健身理念”“帮助学生制定个人目标”“帮助学生制定改善计划”“帮助学生跟踪进步情况”方面是比较欠缺的。因为对学生的评估绝对不是体育教学的终点，而是体育教学的起点。广大教师应该在评估结果的基础上进一步改进自己的教学内容、教学方法等任何导致不良评估结果的教学环节，为学生制定属于个人的健康计划和体育活动计划，让孩子们能够取得更大的进步。学生们严格按照教师制定的教学计划努力坚持体育锻炼，朝着既定的目标奋进，真正做到有的放矢。对教育部门来说，需要做的是为每一个学生建立电子体质档案，通过测试数据的前后对比，更全面地了解学生体质改善的状况、取得的进步及存在的不足。

在我国，体质测试的普及率是极高的，但是测试完之后各项工作的开展并不尽如人意。这些数据除了上报给上一级部门，学校、体育教师对其利用率并不是很高。由于班额较大，教授的班级数量较多等一系列原因，体育教师也很难结合体质测试的数据为学生（尤其是体质较差学生）制定符合其实际的健康计划或活动计划，在学生体质档案的制定方面也是比较欠缺的。教育部门应积极研发学生体质测试档案系统，以便更加直观、客观地分析学生的进步状况和存在的差距。另外，笔者建议，学生的体质测试数据应保证真实性，不能为了数据的好看和学校的面子而造假，如果这样便失去了体质测试的意义。对于体质测试不过关的学生绝不能置之不理，应给予足够的重视。学校及体育教师要加强对体质不过关学生的跟踪处理和再评估，以引起他们的重视并最终帮助他们真正达标。

总之，对学校体育教育工作的评估绝不是目的，而是有效改进教学的重要手段，是学校体育工作制定新的目标的主要依据。虽然评估工作往往是在教学工作完成后或在教学工作开展过程中进行的，但是这项工作应当成为体育教学工作的开端。不管是对学校而言还是对体育教师和学生而言，他们对评估结果均表现出太多的功利化倾向，从而导致为了让评估结果更好看一点，不惜采取不合规的手段，违背了评估的初衷。因此，我们应以正常的视角和心态对待每一次体质评估，让评估结果透明化、公平化、真实化，让其成为不断改进体育教学的指南针。

综上所述，体育教育四个关键组成部分的顶层设计事关体育教育质量的高低，我国应当围绕这四个关键部分不断进行完善，制定出细致具体的年级水平学习结果指标及正确的指导策略和完善科学的评估手段，为我国中小学体育教育奠定坚实的发展基础。但我们也应看到，我国中小学体育教育仍然面临着巨大的挑战，理论的构建还需要进一步用实践证明，在实践中不断进步。

二、青少年健康促进——上学前后身体活动的创新参与

对中小学生来说，时间是非常的宝贵的。为了促进中小学生的健康水平，必须充分利用碎片化的时间。按照中小学生的作息规律，学生的时间可以分为上学前、在校期间、放学后三个时间段。其中在校期间的时间又可分为体育课的专门时间及其他可以穿插进行体育活动的零碎时间。据此，促进青少年的身体活动参与可以充分利用不同时间段创新参与活动方式，以满足不同学生的需求，从而达到国家对青少年身体活动参与的时间要求。我国对大课间的利用率较高，但是对其他时间段的利用还有待加强。

上学前，可以利用走路、骑车或其他人力方式到达学校，尤其适用于距离学校较远的学生。将传统校车或其他机动车到校方式改为步行路线，由家长志愿者带领沿途的学生，并负责将其安全带到学校。

放学后，在专业人员的指导下，尽量组织丰富多彩的活动，减少学生久坐时间和屏幕时间。尤其是学校应尽可能提供可参与的、不以营利为目的且需要包含任何运动技能的校内外竞赛活动。

（一）不同时间段身体活动参与方式的创新

1. 在校期间身体活动参与方式的创新

在校期间，中小学生可以参加的身体活动主要包括面向所有年级学生的大课间，穿插在课堂教学中的身体活动，课间开展的室内外身体活动和午餐时间由俱乐部或学校组织的校内竞赛项目（表8）。

表8　在校期间身体活动案例

1	利用多媒体开始一天的全校早间体育活动
2	创造日常散步机会
3	低组织化的以教师为主导的游戏或活动
4	上课期间，进行短暂的（3～5分钟）积极的过渡活动

（续表）

5	将身体活动融入课堂学习内容中
6	提供每天至少20分钟的大课间
7	在学校范围内举办一些特别的活动（如步行项目、以身体活动为导向的主题活动、野外活动日等）

在校时间里，最集中或最可以有效利用的时间就是20分钟的大课间。大课间是积极的体育文化氛围营造的重要组成部分，是在受过培训的工作人员或志愿人员的监督下定期开展的向所有学生提供体育教育和课堂身体活动以外的身体活动和娱乐活动的时间段，适用于所有年级的学生。在此期间，学生们都可以参与到自己选择的，与同龄人一起参加的各类身体活动中，也可集体参加由学校组织的集体性的身体活动。在我国，后者可能更符合学校的实际状况，较易开展。通过定期参与大课间身体活动，可以帮助学生习得社交技能（例如合作、遵循规则、解决问题、协商、共享、交流）、积极地参与课堂活动及增强认知能力[1]，还可以减少学生中的欺凌和排斥行为[2]。通过增强学生在课堂上的安全感，促使学生更积极地参与活动，大课间也有助于增加学校各项工作的联系，能够构建积极的学校体育文化氛围，影响学校的各个方面，包括出勤率、参与度和学业成绩[3]。所以，我们必须充分利用好这一有效时间，切实发挥大课间在促进学生健康方面的重要作用。

事实上，我国各级各类学校都普遍重视大课间，且发展状况较好。各个学校也根据自身的现状，创新发展了各具特色的大课间活动。国家出台的有关学校体育发展的政策文件也对大课间的开展做出了明确规定。虽然大课间的开展还有一些问题，但总体来说，这20分钟已经充分利用起来了。然而，关于大课间，我国还是缺少统一的最低执行标准。这对于工作的开展及最终的评估都是极为不利的。所以，国家相关部门有必要针对大课间制定出适用于不同学校的最低执行标准，以更有效地指导大课间工作的开展。

大课间身体活动计划和策略的制定，能够有效指导各学校开展身体活动。

[1] Centers for Disease Control and Prevention. School health guidelines to promote healthy eating and physical activity. MMWR Recomm Rep，2011；60（RR-5）.

[2] Michael SL，Merlo C，Basch C，Wentzel K，Wechsler H. Critical connections：health and academics. J School Health，2015，85（11）：740－758.

[3] Thapa A，Cohen J，Guffey S，Higgins-D’Alessandro A. A review of school climate research. Rev Educ Res，2013，83（3）：357-385.

但是每一所学校都是独一无二的，而且并非所有学校都制定了大课间身体活动计划。因此，建议的策略不是按优先顺序排列的，也不是详尽无遗的清单。其中某些策略可能会产生一些小变化，可以在短期内相对容易地完成。而有一些策略则是更广泛、更长期的目标，可能需要行政或预算的大力支持。个别学区和学校应根据学区、学校（小学、初中或高中）的需要和现有资源，确定最可行和最适当的策略。学校还应评估其改善或加强大课间身体活动的努力，以了解哪些策略可能产生最大的影响。

2. 课堂身体活动

除了大课间，学生在校期间可以利用的身体活动时间还包括课堂体育活动时间，即上课期间在教室内进行的任何身体活动。虽然课堂时间最主要的任务是完成不同学科的教学任务，但是完全可以利用短暂的5 ~ 15分钟的休息时间。任课教师可以一次性或分多次将多样化的身体活动内容纳入他们计划的教学中去，或者在课间休息开展各种各样的身体活动，以避免学生的久坐行为。正是意识到课堂体育活动对提高学生的整体身体活动水平，以及注意力、课堂行为和考试成绩[1]的重要意义，学校等教育机构应着重致力于课堂身体活动的设计和推广及案例的研发（表9），鼓励各学校、教师制定积极的课堂身体活动计划，并付诸实施。

表9　课堂内穿插身体活动案例

活动名称	卡片传递
适用年级	1 ~ 3年级
组织形式	在教室四周站成一个圆形
所用道具	彩色卡片
规则	1. 教师将卡片交给一名学生； 2. 学生在10 ~ 15秒内确定卡片颜色所对应的动作： 蓝色：腾空跳跃 红色：下蹲 黄色：旋转 绿色：游泳姿势

[1] Centers for Disease Control and Prevention. Health and Academic Achievement. Atlanta: US Dept of Health and Human Services, 2014.

（续表）

规则	3. 由教师发出颜色的命令，学生需要在第一时间做出相应的动作，并将卡片传递给下一个学生； 4. 做错动作的学生被挑选出继续参加下一轮比赛，直到全部同学过关

相比较而言，在我国，不同学科课堂内穿插各类身体活动的尝试还比较少见，尤其是高年级实施起来困难较大。事实上，对于低年级的学生来讲，运用课堂间隙在教室内进行任何形式的体育活动是可以尝试和推行的，低年级学生的专注力持续时间相对较短，穿插各类身体活动，是符合低年级学生身心发展规律的，还可以增强学习的效率。所以，对于任课教师来说，可以在备课的过程中将形式多样的课堂体育活动内容穿插到自己的教学中，既丰富了课堂，也有效地增强了学生对课程的兴趣和学习的专注力，还能提高学习效率。

3. 上学前和放学后身体活动参与方式的创新

在校期间，体育课、大课间和课堂、课间穿插的身体活动是主要的青少年健康促进手段，但绝不是唯一的手段。学校相关部门或群体必须充分利用学生校外的零碎时间为其创造灵活多样的身体活动参与方式。上学前和放学后这一时间段非常值得利用。在我国，学校等部门往往比较重视利用校内体育课或大课间进行体育锻炼，却忽视了上学前和放学后的体育活动对青少年健康产生的影响。应该说，上学前、放学后的碎片化时间是开展体育活动的绝佳时间，是提高学生整体身体活动水平的有效途径。根据不同国家利用这一时间段促进青少年进行身体活动的经验，我国也可以据此开展相应的尝试，切实增加青少年身体活动的时间，实现增强体质的目标。

因此，相关部门或责任人应当竭力让所有学生在上学前后都能实践他们在体育课中所学到的内容，为学习做好更充分的准备。这些活动主要包括步行或骑行前往学校或家，参加课外活动俱乐部、校内计划（如由学校或社区举办的所有孩子都可参与的体育运动）、校际竞赛（如学校间的竞技比赛）和进行专门针对上学前和放学后制定的身体活动项目。

第一，校内身体活动可以有多种选择，既包括竞技运动（如排球、网球）、个人日常的身体活动（如散步、慢跑），也包括体育类的辅导或课程（如空手道、舞蹈）。这些校内的身体活动也可以在竞技性或非竞技性的不同环境中进行，可以在课前或放学后开展。此外，校内的身体活动还可以涉及传统体育活动或创新性的身体活动，以激发那些通常不从事体育活动的学生的兴趣。

第二，身体活动俱乐部和校内身体活动很相似，通常都是为了提高学生的兴趣而开展的。它们大多是娱乐性的，由具有特殊兴趣或技能的工作人员、家长发起，没有竞技性的气氛。

第三，校际竞赛活动是营造校园体育文化氛围的重要部分，通常可在中学阶段开展。然而，在改善所有学生的体育活动方面排他性很强，而且倾向于高技能的学生，对于他们来说，是对现有技能进一步的提升，是一种精英体育形式。当然，校际竞赛活动也可逐渐淡化竞技性的特点，在交流和切磋的基础上进行友谊比赛。同时增加校际比赛的种类及不同能力、水平学生参与的比赛项目和类型。

第四，青少年运动竞赛区别于以上两种类型，是以社区为基础的项目。根据项目的性质，年轻人在竞技性和非竞技性环境中进行有组织的体育活动。一般来说，青少年运动竞赛是由社区组织提供的，例如当地的俱乐部、基层协会及辅导培训机构。此种类型的青少年运动竞赛通常对所有儿童开放，不太注重参与者的技能水平。但是不得不承认的是，当前由于我国社区发展还处于初级阶段，绝大多数地区的社区并没有充分承担起青少年健康促进的职责。尤其是在中小城市，由于社区人员缺乏，多将时间花费在日常党政、民生工作上，并没有将青少年作为重点的服务对象。相反，社区仍认为青少年体育工作应当由学校开展，与其关联不大。然而，随着社区功能日趋完善，社区也应承担起青少年体质改善的职责。

第五，上学前、放学后的身体活动计划既可以由学校组织，也可以由各个社区组织，并由成人提供监督。首先，学校可以在正式上课前或放学后为学生提供各种非结构化的身体锻炼计划，学生根据自己的兴趣和所长自愿参加。在参与过程中，由专人为其提供服务，并限定课后身体活动的时间和运动量。根据这一建议，每天可帮助学生累计完成30分钟中高强度的身体活动。当然，基于我国中小学学生多、场地器材紧缺的现状，此种类型的身体活动计划可采用按年级、性别、能力水平等分批、轮流进行的方式，尽量满足所有学生的需求。社区也需要发挥自身的纽带作用加强与辖区内健身场所、场馆的合作，为广大学生提供放学后可进行身体锻炼的场所。相比起学校，社区在这方面的服务十分欠缺。而在美国等发达国家，社区作用发挥得十分明显。所以，我国应加强社区功能的拓展，赋予社区更多的责任。

第六，积极地往返学校的交通工具计划。由于步行或骑自行车上学的学生比坐车的学生每天消耗更多的能量，因此可以通过设计“步行到校”主体活动、自行车赛、步行校车和其他项目来增加学生的能量消耗。经过精心设计的上学前和放学后身体活动计划是充分利用碎片时间促进青少年身体活动参与的有效方法，也为学生提供了上学前和放学后身体活动的机会，是提高学生整体身体活动水平的有效途径。

通过实施以上促进青少年健康水平的身体活动参与方式，可以为我国中小学生营造出良好的身体活动参与环境，创新学生身体活动参与方式，形成上学前、放学后浓厚的体育文化氛围。对于学校内相关人员，应尽可能为学生提供多种多样的活动，刺激学生的参与是最重要的目标。

（二）课外身体活动标准的制定及基于标准的评估工具的设计

为中小学生设计丰富多彩、形式多样的课外身体活动非常重要。任何活动形式都必须符合不同年龄、性别、能力水平青少年身心发展的规律，也必须紧紧围绕课程教学目标、大纲精心设计。同时，任何课外体育活动的开展也需要有充分的软、硬件保障。因此，应该为我国不同类型、不同学段的学校制定课外体育活动的基本标准，供各个学校根据自身状况参考实施。课外体育活动标准的制定也将成为衡量课外体育活动开展状况的主要标准，检验课外体育活动开展的成效。

通过参考国际上制定的课外体育活动标准的经验，我国可以在内容和质量标准、人员培训标准、社会支持标准、身体活动计划支持标准和环境支持标准五个方面展开，以约束和指导不同学校开展课外体育活动（表10）。

表10　课外活动协会制定的身体活动标准

主要方面	具体标准
内容和质量标准	1. 每天至少进行20分钟或30分钟的早练或放学后的身体活动； 2. 50%的活动时间须从事中等到大强度的运动； 3. 尽可能开展户外活动； 4. 每日的身体活动内容须包括与年龄相符的有氧、肌肉和骨骼力量训练和心肺训练； 5. 为孩子提供多种娱乐、休闲和终身学习的身体活动选择； 6. 为所有的参与者提供非组织性的免费游戏和结构性的活动； 7. 提供非竞技性活动； 8. 提供各种易接受、易适应的，并包容所有身体条件、感知和智力障碍的学生参与的身体活动；

（续表）

主要方面	具体标准
内容和质量标准	9. 设计的活动内容须具有多样性、一定学术性或休闲性、目标性、计划性和顺序性，在活动参与过程中能够传递安全、包容、适当发展和成功导向的理念； 10. 在学习期间穿插适当的身体活动，避免长时间静坐； 11. 不允许看电视或电影，限制每天电子设备娱乐时间不超过1小时；电子设备的使用仅限于鼓励孩子参加完成中度到剧烈运动的家庭作业
人员培训标准	1. 从业者须每年至少参与1次面授型的学习； 2. 提供关于急救和心肺复苏的培训；规定每年提供最低小时数关于的员工定位、健康和身体活动的培训以及行为管理方面的在职培训和服务培训最低小时数； 3. 为面向所有运动水平及和身体、感觉和智力缺陷方面的学生提供；须进行适应性身体活动的培训； 4. 除非孩子的行为对自己或他人造成危险，所有从业者不能剥夺其参加身体活动的机会；应采用合适的替代性的方法代替消极性行为； 5. 从业人员须熟练通过各类课程资源，将身体活动融入各类计划中的课程资源
社会支持标准	1. 从业人员领导并参与到积极的身体活动之中（如游戏和活动）； 2. 从业人员不能阻挡或将身体活动作为惩罚或奖励学生的手段； 3. 在选择、组织和领导身体活动时，鼓励学生参与； 4. 通过分发传单、报纸、邮件或其他途径向父母、家庭传授教育材料，将父母纳入重要的身体活动计划之中；通过召开家长会议，与家长分享和讨论身体活动标准和实践；要求家长顾问团支持家庭身体活动练习
身体活动计划支持标准	1. 拥有能够提供高质量身体活动体验的预算； 2. 在教练的帮助指导下，通过实时监控学生的进步率来提高其身体活动水平； 3. 参与者可以通过自我评估，提出身体活动的改进策略； 4. 制定责任和风险管理政策，促使相关人员与孩子共同进行身体活动

（续表）

主要方面	具体标准
环境支持标准	1. 用于游戏、竞技运动和身体活动的装备须符合年龄需求； 2. 提供的装备应适用于所有的参加者，并满足所有的安全标准； 3. 用于心肺、肌肉与骨骼训练的设施达到身体活动标准的要求； 4. 拥有充足的室内设施； 5. 拥有充足的室外设施； 6. 通过签订正式和非正式共享协议，确保自由共享室内和室外设施； 7. 通过海报、图画或书籍等途径宣传各类促进积极、安全以及正确的身体活动开展的信息

以上课外身体活动标准明确了身体活动开展所须的各方面支持的具体标准，这样才能真正实现身体活动开展有据可依。能够对青少年的体育活动行为产生积极影响。与此同时，以上标准还可成为评估某个学校课外身体活动开展状况是否良好的重要依据。

当然，以上关于课外身体活动开展的基本标准和评估工具还须结合当地实际一步细化。但是无论如何，制定相关的课外活动标准是非常有必要的，必须引起重视。我国体育课的开展尽管存在一些问题，但还是具备学校和教师可以依据的课程标准的。相比之下，课外体育活动的受重视程度就不尽如人意。除了对体育大课间提出了稍加严格的规定，对于上学前和放学后的课外体育活动并没有提出严格的要求，而只是从建议的角度有所提及。因此，根据国际上有关青少年健康促进的手段和经验，我们必须充分重视校内外课余时间，加强青少年身体活动的参与，做到有标可依，据标评估。在严格、全面、科学的标准的要求和引导下，为广大青少年营造良好的身体活动参与环境是国家和相关部门义不容辞的责任。

（三）课外体育活动组织建立基础上各类体育赛事的举办

中小学生身体活动参与环境的营造，绝不能仅靠学校实现，前文也曾提及要充分发挥社区、家庭在促进青少年身体活动参与过程中的作用。在国际上，更加重视课外体育活动组织对于青少年体育参与的促进作用。以美国为例，推广中小学课外体育活动不仅在于学校，课外体育组织和协会也做了很多工作。如全国校外活动协会（National After-school Association）就是一个致力于课外活动从业人员发展和教育，并努力采取多种途径（尤其是网络软件的开发）倡导建立校外活动团体，充分利用课外活动时间，提高中小学生课外活动效率的组织机构。SPARK则是一个致力于创建、实施和评估基于研究的促进儿童青少年终生健康项目的专业组织，并向服务于幼儿园到12年级的教师和娱乐活动负责人提供有关体育教育、课外体育活动、早教、学校健康教育方面的内容。除此之外，Shape America、美国营地协会（American Camp Association）、国家公园和休闲协会（National Parks and Recreation Association）等组织也都致力于帮助儿童青少年完成每天至少参加60分钟身体活动的目标，向从业者、管理者、学校提供现成的和基于实验基础上的活动项目和教育资源，简化其工作内容，提高工作效率。

另外，各类组织致力于推行一系列有关青少年健康的计划，如积极的学校（Active School）、前往学校的安全路线国家合作计划（Safe Routes to School National Partnership）、校外健康孩子计划（Healthy Kids Out of School）等。这些计划得到国家权威机构（如美国国家疾病控制和预防中心）和商业公司（如Nike）的大力支持，各组织间也形成了密切的合作关系。目的只有一个，那就是努力营造一种健康积极的环境，通过多种途径吸引更多的儿童青少年加入，改变当前青少年身体活动少、肥胖率增加、久坐等社会现实。在这些协会中，州立高中协会联盟（National Federation of State High School Association，NFHS）是最典型的代表。

在我国，尽管也有各种层级的中小学体育赛事，但是赛事的参与者呈现“精英化”的特点，过高的门槛将绝大多数中小学生排除在外。赛事的组织者多是教育、体育等政府部门，这使赛事的举办过于官方化，赛事也被贴上了功利化的标签。因此，我国也应努力尝试简政放权，真正发挥民间青少年体育组织的作用，让赛事成为孩子们相互切磋、互相交流的场所，而不是成年人的“功利场”。

为此，我们首先需要在全国范围内建立起具有一定权威的课外体育协会，真正以提高中小学生课外体育参与、增强其体质为出发点，减少形式主义，杜绝完全以商业为目的开展的任何形式的体育赛事，让孩子们在赛事参与中享受乐趣。当然这种具有民间性、非营利性的青少年课外体育组织需要经历一个从无到有的过程，其发展也必定困难重重。其次，根据我国的现状，还须协调好学业成绩与体育参与之间的关系。学校、家长之所以普遍高度重视学生的学业成绩，是因为成绩与学生的出路紧密相关。如果学生通过体育参与也能获得理想的出路及健康的身体，享受体育参与的乐趣，那么这条路必定畅通无阻。因此，课外体育协会举办的任何赛事需得到教育部门、体育部门的认可，有较高的含金量。虽然只是民间的体育组织，但也必须由专业人员组织，有好的软硬件保障。最后，课外体育协会应当设置为国家、省、市、区等不同的级别，不同等级、区域间的协会形成合作共赢的良好协作关系。可以获得政府的资助，也可以通过与企业的合作，共同维持协会的发展。

总之，我们既要发挥民间课外体育组织的作用，也要杜绝被商业利益驱使使赛事异化。课外体育协会应当担负起这一重任，一方面协助学校丰富学生的课余生活，形成良好的体育文化氛围；另一方面也要为学生提供更加广泛的身体活动参与的专业平台。

（四）基于学校的综合性身体活动计划的制定、实施

除了体育课和校内外课外体育活动，另一项可以有效改善学生身体素质的做法就是由学校牵头制定一个全员参与的综合性身体活动计划。这个计划旨在动员任何一个可以对青少年体育参与产生影响的个人或团体，为孩子们提供各种身体活动的机会。这个计划需要具备完善的框架结构和完备的实施步骤。对于改善青少年体质，提高其身体活动参与的积极性，必定能起到显著的作用。以下分别从委员会的制定、现有情况的评估、目标任务的制定、计划实施将带来的直接变化、具体的活动内容、内容的实施及评估七个方面详细阐述综合性身体活动计划的制定和实施步骤，可以为学校提供参考。

1. 步骤一：团队或委员会的成立及负责人的选定

成立一个专注于青少年身体活动和青少年总体健康的委员会是学校开展身体活动计划的前提。学校综合身体活动委员会是制定和实施学校综合身体活动计划的主要发起者和责任主体。这个委员会的人员构成（表11）须包含以下人员。

表11　潜在的综合身体活动计划委员会成员及其职责

校长和学校管理者	1. 获得工作人员的支持和信任； 2. 分配资源（如时间、资金、工作人员）； 3. 作为工作人员的榜样
教师和工作人员（包括体育教育专家和各科教师）	1. 在体育课上教授更多与身体活动有关的知识和技能； 2. 推广综合身体活动计划的理念； 3. 将综合身体活动计划融入上学前、在校线期间和放学后的各个时间段

（续表）

学生	1. 制定身体活动计划时给出建议； 2. 成为学校身体活动积极的参与者
家长及有兴趣的社区居民	1. 作为儿童的榜样，鼓励孩子参与身体活动； 2. 筹集资金支持实施综合身体活动计划； 3. 鼓励校长支持和资助更多的综合身体活动计划； 4. 担任上学前、在校期间和放学后进行身体活动的志愿者
学校健康委员会	1. 自愿成为综合身体活动计划委员会的积极参与者； 2. 宣传综合身体活动计划的意义和重要性； 3. 制定和实施学校卫生政策、实践和计划
体育部门工作人员	1. 为体育教师、体育协调员和其他综合身体活动计划成员提供培训； 2. 在地区范围内支持扩大综合身体活动计划； 3. 协调和管理地区范围的综合身体活动计划； 4. 为实施、评估和维持综合身体活动计划分配资源
地方卫生委员会和部门	1. 提供支持、资源和领导； 2. 教育关键利益者并获得他们的支持； 3. 提供有关儿童超重和缺乏体育活动的本地数据； 4. 协助获取综合身体活动计划资金
社区领导者	1. 提供物质资源； 2. 推动综合身体活动计划倡议； 3. 在上学前或放学后参与志愿服务
大学和学院	1. 举办培训讲习班和研讨会； 2. 提供持续教育机会； 3. 向中小学提供技术支持； 4. 协助编写、开发和评估项目
当地企业	1. 捐赠设备和用品； 2. 资助学校和社区倡议； 3. 提供筹资机会
当地媒体（电视、广播、报纸、互联网）	1. 让公众了解综合身体活动计划的好处； 2. 突出学校的成就

根据实际需要和人员能力水平的考量，综合身体活动计划委员会首先需要获得体育教师的领导者或体育教师和学校管理人员的支持。作为专业人员，体育教师都接受过专业培训，了解儿童的生理需要和喜好，具备了各项与健康促进活动有关的技能，并有学校工作的经验。但是，最为重要的还是要获得学校领导和管理者的大力支持。因此，在有限的资源和时间下，如何让领导和管理者认识到制定这个综合身体活动计划的必要性和迫切性是首要的。

除了体育教师等人员，其他潜在成员，如学校医生、当地医生和保健服务提供者也可成为委员会的成员。因为他们能够敏锐地认识到学生身心健康的重要性，并能提供必要的资源和证据来支持身体活动计划。委员会也可邀请社区领导者、社区成员和当地企业参加。这些群体对社区人员的健康兴趣度较高，并能为社区行动计划提供各类所需要的资源。在制定和实施综合身体活动计划方面，由多类人构成的多样化委员会可以发挥各自的作用，促进计划成功。

无论是首选人员还是潜在人员，简单的捆绑和堆砌是不可能发挥出高效的办事效率的。在他们当中必须选拔出一位领导者，负责协调综合身体活动计划委员会，与学校卫生协调员和其他学校工作人员(如各科教师、校医、校长)合作，促进综合身体活动计划与社区之间的联系，组织所有综合身体活动计划会议，管理综合身体活动计划的资金，并维持综合身体活动计划的正常开展。同时，这位领导者还可以与学区和学校的管理人员密切合作，管理学校身体活动计划的政策、方案、活动和资源。在可行的情况下，领导者可与其他利益相关者合作，确保综合身体活动计划实施所需要的资源（如资金、书籍、材料、设备）到位。通过综合的考虑和评估，在大多数学校，最有资格担任这一职位的是体育教师。体育教师是成立这一委员会的迫切需要者，是最了解学生所缺、所需的专业者，也是能够实现上传下达、协调沟通的重要实践者。所以，对于打算制定这一综合身体活动计划的学校来讲，首先应当考虑从体育教师中选拔出可以胜任者，担负委员会的领导者。

总之，在考虑组建委员会时，应注重人员的多样化，尤其是吸纳教育和保健专业人员的加入，如卫生工作者、体育教师、其他教师、工作人员、家长、学生、地方或地区卫生部门的代表，以及学校和地区一级的行政人员。这些群体不仅对青少年的健康有既得利益，而且对儿童、学校环境、学校政策和学校资源有充足的经验和理解。

2. 步骤二：评估当前学生参与身体活动的机会和现状

制定综合身体活动计划的下一步是基于现状确定学校现有的身体活动政

策、计划和实践。那么，对现状的评估就至关重要。一般情况下，现状的评估内容须包含用于综合身体活动计划的时间、质量指标（如经过认证的体育教师、日常大课间、放学后身体活动）、环境支持（与年龄相符的身体活动的设备、关于学校身体活动的信息）等指标。从而有效掌握当前身体活动政策、计划和实践活动的基本情况，为制定下一步的目标、任务提供依据。一旦委员会完成了评估进程，就必须审查评估结果并回答以下问题：

（1）学校已经有哪些资产(如战略、政策、实践)作为建立综合身体活动计划的基础？如何利用这些现有的策略、政策和实践来开发综合身体活动计划？

（2）哪些战略正在制定之中，这些战略一旦到位，是否会改善学生参与身体活动的机会？委员会需要什么来确保这些战略、政策和实践在特定的时间框架内完成？

（3）哪些战略没有到位？委员会认为哪个是综合身体活动计划第一年的首要任务？

依据以上问题的答案，即可明确综合身体活动计划其余部分的开展阶段。评估结果将有助于委员会确定短期和长期优先事项。需要指出的是，这一评估过程应由整个委员会完成，而不是由委员会中的一个或两个人完成。

3. 步骤三：学校的综合身体活动计划愿景宣言、目标和任务的创建

基于第二步的评估，下一步就是要为综合身体活动计划的开发、实施和评估创建一个愿景，并设定目标和任务。

“愿景”是对共同目标的声明，是为综合身体活动计划建立目标、任务和活动提供框架。综合身体活动计划的愿景不仅会对综合身体活动计划的组织方式和教师、管理者、家长、学生所扮演的角色产生影响，也用来指导制定综合身体活动计划的具体目标和任务。愿景陈述没有公式，它可以是一个简短的声明，也可以是对一个更好的未来的更全面的解释，通常包括两三条简明观点的陈述。综合身体活动计划的愿景应该与学校的愿景和核心信念一致。

目标和任务的设置是为帮助学校计划和指导综合身体活动计划提供坚实的基础。如果没有书面的目标和任务，就很难衡量在实施综合身体活动计划方面的进展及计划对学生的影响。

目标是用来描述活动计划的长期(如3年或3年以上)结果或影响的宽泛的目标声明。目标的设置有利于明确计划任务的总体方向和重点，限定计划应该实现的范围，是制定计划任务的基础。综合身体活动计划的目标应该简明扼要地陈述出谁将受到影响及结果将发生什么变化，无须过多关注目标的数量。事实

上，有些计划只设一个目标即可。综合身体活动计划的目标可以集中在学生、教师、家长或学校行为、政策、态度或健康结果的变化上。

另外，任务是对活动计划结果和如何实现的描述。任务比目标更准确、具体，须设定有具体的完成时间表（例如，在第一年年底之前），并且必须与目标保持一致。任务是可以衡量的，是概述学生群体在特定时间点由于参与综合身体活动计划而发生的某些变化。综合身体活动计划的目标应当是以过程或结果为重点的。例如，以过程为中心的综合身体活动计划任务可能包括成立综合身体活动计划委员会，并在一定时间内为该委员会制定会议时间表。

总之，在制定的愿景、目标、任务的指导下，学校综合身体活动计划将沿着既定方向有重点、有标准地发展，这是开展任何活动和计划都不可缺少的重要组成部分。

4. 步骤四：确定综合身体活动计划实施的直接结果或具体变化

参与综合身体活动计划后，在社会、情感、身体或精神状况方面发生的直接变化是目标人群最为关注的内容，必须予以明确。结果是知识、态度、技能、行为、地位或功能水平的变化，但不要和目标混淆。结果更侧重于通过综合身体活动计划取得的成果，而目标则侧重于预期的成果。

第一，综合身体活动计划结果的制定要与确定的计划的目标和任务保持一致。第二，在一段时间内，计划可以设定一个或多个结果。第三，结果可分为短期（1～3年），中期（3～5年）和长期结果（4～6年）三个时间段。第四，结果必须是有意义和可衡量的。第五，在收集结果的信息或数据时，应着重于计划利益者普遍重视的问题。第六，根据审查收集的数据和信息，由综合身体活动计划委员会和其他利益相关方共同确定是否取得了成果。第七，随着时间的推移，跟踪监测成果方面取得的进展，有利于计划的变革并获取更多的支持。

5. 步骤五：确定并计划综合身体活动计划的活动

在完成前期四个步骤的工作之后，就需要确定和计划综合身体活动计划的具体活动内容。一般情况下，确定、计划综合身体活动计划的活动需要按照以下几个步骤进行：

第一，确认已有的和所需要的资源。学校身体活动计划的开展需要丰富的资源。因此，在开展活动之前，须对现有的资源进行评估。这项工作主要由计划的领导者进行领导和规划，明确现有的物质和人力资源。另外，计划的领导者还须与其他委员会成员讨论，确定开展学校身体活动所需要的额外资源。

第二，选择学校提供的身体活动内容。根据评估结果、委员会制定的愿景、目标和任务，以及从利益相关者那里收集到的所有信息，就可以确认学校身体活动计划要包含的身体活动内容。在确认过程中，委员会须实事求是地了解纳入综合身体活动计划活动的数量。一般情况下都是从少量试点开始，并在时间和资源允许的情况下逐渐添加一两个新的活动，这是最切合实际，也是最行之有效的方法。除此之外，在结合学校的需求和资源的前提下，学校需要将一些新的想法和类型的活动作为优先开展的活动，以帮助综合身体活动计划取得更大的成功。

第三，确定安排身体活动的具体时间。在校期间，可以采用多种创造性的方式来安排各类身体活动。一方面，可以查看学校的总时间表来确定最佳时间，另一方面须充分利用学生静坐的任何时间段，如早上早到校的时间或放学后等待离开的时间。在确定大概的时间段之后，再根据学生的人数、可用的空间、教师的可用时间更有效地安排和平衡学生的身体活动时间。

另外，综合身体活动计划的活动设置还需充分考虑参加某项活动的人数上限，以确保给予安全的指导和适合的师生比例。同时，要关注所提供活动的持续时间及适宜的年龄段，还需要拟定一系列的协议，确保活动开展的规范性，如活动登记协议、家长许可协议和上下学前后提供的活动之间的交通运输协议等。

第四，确定活动的空间和设施。充足的空间和设施是开展各类身体活动的重要物质保障。因此，学校需要制定一个可用于进行身体活动的所有地点的列表，以确定哪些空间和设施可服务于综合身体活动计划。一方面，可以利用学校现有的体育馆、多用途的房间、操场或运动场、大型教室或自助餐厅，但应避免与其他活动冲突。另一方面，学校可以与社区组织签订联合或共享使用协议，增加学生、教职员工、家庭成员和社区成员的体育活动机会。无论选择哪种方式，都需要明确每项身体活动的地点，并注意每个空间允许学生安全活动和玩耍人数的限制。

第五，确定活动的领导者。除物质保障外，人员保障更是综合身体活动计划顺利实施的重要部分，尤其是活动的领导者。在确定活动的领导者时，要考虑多元化的人选，确认他们是否愿意承担某一责任。如社区中有专门技能或证书的工作人员和家长，他们是否对领导或参与综合身体活动计划感兴趣，以及社区内许多体育专家是否可以提供无偿的教学服务等。在充分考虑以上因素后，选拔出既有能力又有兴趣的人员担任综合身体活动计划的领导者。如果要选用学校内部的工作人员担任领导者，那么就要为愿意提前到校或延后离校为课前身体活动服务的工作人员提供弹性的工作时间。

第六，制定预算。在确定了综合身体活动计划包括的活动类型、工作人员需求、设备和设备需求及活动时间表后，学校就须制定现实可行的预算。审查确定的活动，并确定与执行每项活动有关的费用和每项活动的资金来源。主要包括教员的工资、参加活动所需的设备的费用及满足课内外身体活动计划所需的所有费用。

当然，最节省的途径是采用实物捐助、当地企业的小额赠款、家长或家长教师协会的捐赠、竞争性赠款、当地民间团体的捐赠及灵活安排员工时间等方式开展身体活动，这样可以减少活动预算，但这也对活动的设计提出了更高的要求。同时也需要高度重视对捐助者的感谢，给他们创造各种各样满足自身利益的机会。

第七，为综合身体活动计划制定可持续性策略。综合身体活动计划应是一个可持续的、长期的发展计划。因此，需要在制定和通过相关的政策，确保内部和外部资金及其他资源的充足供应，以及为行政人员、教师和其他学校工作人员提供年度专业发展的机会等方面做出持续不断的努力。

第八，制定沟通与营销策略。有效的沟通和营销有助于身体活动计划在受众中形成良好的认知，培养学生参与的兴趣和行为。在身体活动计划公开之前，就需要制定出沟通和宣传的策略，以满足家长、学校管理者和工作人员及当地社区获取相关信息的需求。在当前信息沟通高度发达的时代，除了利用学校校报的文章和张贴在学校建筑物上的宣传材料，利用网络的宣传也至关重要。这些方法不仅在吸引参与者方面很重要，在获得进一步的财政支持以帮助项目的可持续性方面也是很重要的。

6. 步骤六：综合身体活动计划的实施

综合身体活动计划的实施计划须简单明了且准确地概述出将做什么、由谁做、何时做及如何做。实施计划可作为活动委员会的核对表，供其在组织会议和报告进度时使用。实施计划必须与综合身体活动计划的目标保持一致，概述实现既定优先事项所需的任务、资源和责任。综合身体活动计划的实施可以分阶段逐步推进。在制定实施策略后，先进行试点实施、阶段性实施，然后全面实施，持续支持综合身体活动计划的实施。

7. 步骤七：综合身体活动计划的评估

综合身体活动计划全面评估是系统地收集有关计划的活动、特征和结果的信息，让计划的决策者和受众有机会了解他们的项目是如何运作的，知道他们的计划能够完成什么，并找出他们的方案的优点和弱点，以便对计划做出判断，提高方案的有效性，并为未来计划发展的决策提供信息。如果缺少计划评估环节，利益相关者将难以获取计划对目标受众的影响，也很难获取足够的信息支持计划的修改和完善。因此，持续的评估可以帮助利益相关者做出决策，继续发展和改进他们的计划。

综合身体活动计划的评估主要包括两种类型，分别是过程评估和结果评估。过程评估注重信息的收集，使计划决策者掌握方案的执行情况。是对“谁、何时、何地和计划完成多少”等问题的回答。过程评估侧重于评估计划的质量，旨在帮助决策者进一步改进和完善计划中的活动内容。

结果评估是收集信息，帮助工作人员评估活动的结果，可以帮助决策者确定已完成的计划是否有助于参与者实现预期的目标。只有当计划成熟到有可能产生预期结果时，才能进行结果评估。究竟进行何种评估，取决于许多因素，包括所寻求的信息类型(即成果、指标和目标)和可用资源。通常，首先进行过程评估，因为它帮助涉众了解项目的工作方式，然后确定项目的影响力。

尽管评估重点不同，评估方式差异明显，但两种类型的评估都能暴露出身体活动计划存在的问题，并依赖于收集的数据得出相应的结论。除此之外，成功的评估还须包括计划实施质量的数据收集。计划的利益相关者必须明确收集该类信息的重要性和必要性。通常可采用问卷调查法、访谈法、重点小组、文献综述法和观察法等进行数据的收集。在收集信息时，使用多种数据来源会影响所收集数据的质量。为了收集高质量的数据信息，可采用多元化的数据收集方法，并确保数据收集的规则和方法是一致的。

评估的下一个关键步骤是使用评估数据改进计划，有效地促进身体活动计划的进行，并确保该计划的持续性。计划评估还用来决定是否需要结束一个计划或计划的一部分。过程评估数据主要用来反馈计划是如何实施的，是完善综合身体活动计划的关键部分。从长远来看，过程评估获取的数据信息是开发高质量计划的最有效数据，尤其是在计划开发的早期阶段。结果评估数据是与计划结果相关的数据。与过程数据一样，结果数据是构建和维护计划开展的基本工具，是获得学校管理人员、家长、企业和其他利益相关者的支持的重要依据。在大多数情况下，结果数据更容易理解，更容易使用，更能说服涉众支持该计划。虽然计划执行者最乐于获取结果数据，但结果评估数据应该在计划成熟之后进行。与过程数据类似，也应该使用不利的结果数据来改善和推进计划。

学校不仅可以利用过程数据和结果数据来改进计划，而且可以通过与利益相关者分享计划的积极效果和成就，以更好地获得他们的支持。有效使用评估数据是获取利益相关者支持、修改计划和确保计划今后几年可持续性的有效策略。

简而言之，七个步骤是帮助学校和学区制定、实施和评估综合身体活动计划的重要部分，缺一不可。虽然这不是一个确定的过程，却是一个可以反映公共卫生和教育研究证据的过程。因此，应鼓励学校和学区按照以上的步骤定期制定并不断评估其身体活动计划，以确保计划能够持续满足学生、家庭、学校工作人员及社区的需要。

三、青少年健康促进——学校与家庭、社区的合作互动

长期以来，学校改革的重点多聚焦于学生学业上的进步和成功。然而，学校不能也无法单独担负起教育学生的使命，家庭和社区在内的各方都必须共同努力，为儿童青少年提供全面的教育体验。在青少年健康促进方面，尤其需要发挥学校、社区和家庭共同的作用，采取多项措施加强三者之间的互动，促进儿童青少年的身体活动参与。

（一）家长助力青少年身体活动的参与

当学校在促进青少年身体活动方面力不从心时，就需要发挥家长的独特作用，让家长和学校教职工共同努力支持和改进儿童的学习、发展和健康。但需要明确的是，此处所说的家长不仅局限于孩子的亲生父母，也包括其他具有监护能力的群体，如祖父母、叔叔、阿姨、兄弟姐妹等。研究表明，青少年是否参与身体活动受父母和兄弟姐妹参与、支持身体活动情况的影响[1]。当家庭成员共同参与身体活动时，他们会花更多的时间更积极地体验健康的益处[1]。家长、监护人或其他家庭成员可以通过上学前后、晚间、周末或假期等时间，或作为体育课、身体活动志愿者来支持综合身体活动计划。

对于学生来说，家长的参与会让孩子表现出更积极的态度和行为、更高的学业成就、更强的社交技能、更好的考勤记录和作业完成率、较高的毕业率及较高的高等教育入学率、较低辍学率。父母的参与也使儿童和青少年更有可能

[1] Lee S · M, Nihiser A, Strouse D, Das B, Michael S, Huhman M. Correlates of children and parents being physically active together. J Phys Act Health, 2010, 7: 776 - 783.

避免不健康的行为，如吸烟、酒精和吸毒等[1]。

对学校来说，家长的参与会提高教师的士气，提高家长对教师的评价；提高学校在社区内的声誉；让家长参与的学校方案会比不让家长参与的课程取得更好的效果[2]。

而对于家长来说，自己的参与可以改善父母、儿童和社区之间的联系，增加对家庭的支持和服务，包括改善家庭关系，改善父母与子女之间的关系[3]。

综上所述，家长应该成为促进青少年身体活动参与的重要力量。虽然全社会早已普遍认识到家庭参与的好处，但由于时间限制、预算问题和其他冲突可能妨碍学校让家长参与进来。研究者认为缺乏计划和缺乏相互理解是父母有效参与的两个最大障碍[4]。除此之外，父母也因忙于工作，无法抽出时间参加学校的活动。他们也会因为不知道如何参与，或不知道是否应该参与而感到迷惑。有的家长还会误以为学校忽视了他们，不理解他们的担忧[5]。现实的障碍让家长和教师都对家长参与的数量和质量表示不满。因此，需应努力改善学校与家庭之间关系。课外身体活动为家庭和学校提供了联系的纽带，为家长和学校提供了克服这些参与障碍的最佳场所。

对于学校而言，它们可以通过发放宣传材料、邮件，召开会议，开展培训等多种途径让家长了解身体活动的意义和价值，并采取各种方法让家长参与其中。那么，联系（connection）、参与（engage）和保持（sustain）是吸引家长参与学校身体活动计划的三个关键词（表12）。具体来说，学校必须积极与家长建立联系，让家长感到学校需要他们；并提供经常参加各种活动的机会，让家长充分参与；学校还可以通过扫除各种阻碍家长参与学校身体活动的因素来吸引家长参与。

---

[1] Henderson，A. T.，& Mapp，K. L.（2002）. A new wave of evidence：The impact of school，family，and community connections on student achievement. Austin，TX：National Center for Family & Community Connections With Schools.

[2] Decker，L. E.，et al.（2000）. Engaging families & communities，pathways to educational success. Boca Raton，FL：National Community Educational Association，Florida Atlantic University.

[3] Harris，E. & Wimer，C.（2004，April）. Engaging with families in out-of-school time learning，No. 4. Cambridge，MA：Harvard Family Research Project.

[4] Cotton，K.，& Wikelund，K. R.（1989）. Parent involvement in education. Retrieved February 27，2008，from the NWREL Web site：http：//www.nwrel.org/scpd/sirs/3/cu6.html

[5] TASC.（2006）. Increasing family and parent engagement in after school. New York，NY：Author. Retrieved February 27，2008，from http：//www.tascorp.org/content/document/detail/1455/

表12 促进家长参与学校身体活动的策略

联系 （connection）	1. 学校明确家长参与学校身体活动的愿景； 2. 学校工作人员有能力与父母建立联系，并支持家长参与学校的健康活动； 3. 向家长询问对其子女健康的需求和兴趣，以及对参与学校的健康活动、服务和项目的方式及途径
参与 （engage）	1. 提供各类培训： （1）学校开设家长教育课程； （2）开展健康教育研讨会或讲习班； （3）建立青少年健康家长资源中心； （4）举办学校赞助的与健康有关的活动； （5）与当地组织合作建立移动家长中心，为家长提供健康信息、健康筛查和咨询服务； （6）在家庭经常前往的场所（图书馆等）提供青少年健康资源。 2. 和父母沟通： （1）使用各种沟通方法，如传单、报告卡、进度报告、网站等，就健康相关的主题和问题，与父母进行沟通； （2）使用各种口头和面对面的沟通方式，沟通有关健康的话题和问题（如家长会等）； （3）提供开放的沟通渠道（如意见箱、电话抽样采访等），听取家长对健康相关话题的意见和建议； （4）聘请学校职员作为学校家长的联络人； （5）通过非学校团体（如社区组织），与家长沟通学校健康信息和活动； （6）定期召开家长见面会，讨论与健康有关的问题和孩子的行为、表现； （7）为家长创造分享子女健康状况的机会； （8）为具有特殊需求的儿童的父母创造机会，讨论满足其需求的问题和解决方案。 3. 提供志愿服务的机会： （1）鼓励家长担任学校健康活动的顾问、教练、监督员等职务； （2）邀请家长担任午餐时间、周末及课外时间的身体活动志愿者； （3）放学后，向家长开放学校和社区内的健身设施； （4）让家长参与撰写健康助学金制度；

（续表）

参与 （engage）	（5）招募电话提醒志愿者，提醒家长履行志愿者承诺，开展各类家长志愿者活动和表彰活动； （6）请有特殊保健（如哮喘、糖尿病或食物过敏）技能的学生的父母分享专门的知识和经验。 4. 支持家庭学习： （1）制定以家庭为基础的教育战略，教育家长与子女共同讨论健康问题； （2）开展社区健康促进项目，邀请家庭成员参加各类身体活动（如跑步或步行）； （3）鼓励学生教授父母学校里所学的健康和安全行为； （4）要求父母带领孩子参与各类与健康相关的学习体验； （5）向家长传授户外游玩和健康促进意识知识； （6）进行关于父母如何在家里支持健康行为的讨论。 5. 鼓励家长参与学校决策： （1）学生、家长和社区成员帮助学校做出改善学生健康水平的决定； （2）家长参与决策制定学校健康政策、安全计划以及健康安全信息； （3）将家长在决策小组中的代表权制度化； （4）告知家长制定健康和安全政策所遵循的程序； （5）邀请家长参与确定有关健康和安全的优先事项； （6）让家长参与选择健康和体育课程； （7）让家长有机会参与制订或检验检讨学校健康及安全政策； （8）让有特殊医疗需要的父母参与确定工作人员的职业发展活动。 6. 与社区合作： （1）邀请提社区合作伙伴参与学校或家长会议，讨论社区应承担的任务、提供的服务以及他们如何与学校和家庭协作； （2）与社区合作伙伴达成协议，制定和支持学校身体活动计划； （3）创建家庭、社区卫生和社会服务资源、活动和事件联系机制； （4）与社区伙伴合作，开展学校健康服务； （5）让家庭成员参与学校和社区开展的健康和安全活动； （6）学校设施向社区组织开放； （7）将社区合作伙伴的办公地点设置为专业发展和培训或者举办活动的场地；

（续表）

参与（engage）	（8）社区组织或企业捐赠家长教育项目的奖励和家长志愿者的礼物； （9）鼓励社区企业和组织赞助健康服务学习机会和项目
保持（sustain）	1. 由于日程冲突，家长无法参加学校健康会议或活动： （1）会议和活动尽量配合不同的父母日程； （2）制定激励措施，鼓励家长参加学校的会议和活动； （3）为家长提供获取信息和与学校工作人员沟通的多种途径。 2. 由于缺乏交通工具，家长不能参加学校的健康会议和活动： （1）提供交通工具； （2）在场外或网上举行活动。 3. 家长在学校的健康会议和活动中感到不适时： （1）让为家长在没有压力的情况下了解学校及教职员工； （2）开展不同区域(农村、郊区、城市)和文化影响的身体活动计划。 4. 家长不完全理解学校健康活动和会议提供的健康信息和交流途径： （1）为家长提供咨询解释服务； （2）减少理解信息的障碍。 5. 学校教职员工缺乏与父母合作的经验或培训，难以维持人际关系和促使家长参与： （1）为致力于家长参与的学校教职员提供专业发展机会； （2）制定应对阻碍教师与家长之间互动的策略。 6. 很难维持学校对家长参与的行政或财政支持： （1）向校长分享家长参与青少年健康促进的积极数据，获取校长的支持； （2）向学校行政人员宣传家长参与学校健康活动的积极影响； （3）寻求各种财政支持的机会

促进家长参与学校健康活动的策略为学校如何与家长联系、让家长参与学校健康活动和维持家长参与学校健康活动提供了一个框架。在这一框架下，父母的志愿参与加强了多方的沟通协调，促进了儿童和青少年积极的健康和学习行为，有利于创造一个儿童和青少年健康发展的环境。但是，父母的志愿参与绝不是一个线性的过程，与父母建立联系、让他们参与基于学校的身体活动和维持他们参与的战略之间不是割裂的，而是相互联系的。用于与父母联系的策略可能与那些用来维持其参与的策略是重叠的。在家校的努力下，学生必定能够表现出更好的行为、更高的学业成就和更强的社交技能。

（二）社区的参与和助力

除了家长的参与，社区也应成为课后身体活动计划的重要纽带。大量研究资料证明，社区范围内开展各类身体活动是最适合公共卫生机构优先执行的身体活动促进战略之一。作为最基本的行政单位，社区是各类人群活动的主要区域。在社区范围内开展各类身体活动计划可以最大限度地利用学校和社区资源，促使各类资源之间建立紧密的联系。社区组织可以通过创建课前或放学后身体活动项目，或者与学校签署联合使用或共享使用现有资源的协议，更好地服务于儿童青少年的身体活动参与。社区参与可以帮助来自不同文化和社会经济背景的学生缩小课外项目的成就差距[1]。与社区组织合作的课外身体活动更适合帮助家庭克服参加课外活动的交通障碍、费用等困难。

当学生们在社区和学校合作创设的非正式、轻松的身体活动参与环境中，更有利于发现他们对于体育运动的新激情，接触到新的创造性学习风格，从而进一步探索他们感兴趣的话题，并在非正式的、没有威胁的环境中尝试新的活动。因此，他们参与的兴趣和动机得到加强[1]。为了调动社区参与的积极性，可以遵循以下几个策略，以更好地完成各项活动。

第一，在传统情况下，社区往往通过电视、广播、网络等方式向儿童青少年及其家庭宣传有关身体活动方面的信息，侧重于教育和激励人们增加身体活动。但是，大量研究证明，社区促进青少年身体活动的方法应涉及个人、人际、机构和社区多层面。以社会生态为基础的多管齐下的干预，可以有效促进和消除阻碍儿童青少年身体活动的因素，比每个单一部分产生的影响都有效[2]。除了增加儿童青少年的身体活动，在社区范围内参与身体活动可以有效发展或加强社交网络，提高社区成员的凝聚力和集体能力，从而提高整个社区的能力。且社区范围内的身体活动干预更贴合不同人口和不同环境的需求，提供更具特色的服务。

第二，社区可以通过开展“鼓励使用楼梯”的活动增加青少年的身体活动量。在电梯和自动扶梯处张贴醒目的标志，鼓励青少年选择使用附近的楼梯。

---

[1] Harris, J.（2007）Making a difference in the lives of youth: strategies for engaging parents and communities in afterschool programs and activities. Conference proceedings from The Bridge from Afteschool and Back. Vancouver, WA.

[2] Sallis JF, Cervero R, Ascher W, Henderson KA, Kraft MK, Kerr J. An ecological approach to creating active living communities. Annu Rev Public Health. 2006, 27, 297-322.

标牌上的文字设计可以各具特色，描述使用楼梯给健康和减肥带来的好处等信息。另外，还可通过增加楼梯的艺术性等来增强楼梯的吸引力，让更多的青少年愿意使用楼梯，在一定程度上增加身体活动。

第三，一方面，社区可利用现有资源尽可能教授儿童青少年一定的行为技能，帮助其将身体活动融入日常生活中。另一方面，社区也可创建社会支持体系或使用现有的社交体系来支持儿童青少年新的行为模式。根据青少年特定的兴趣、偏好，量身定做适合青少年个性的身体活动计划，满足其兴趣爱好，防止再次陷入久坐行为。

第四，建立、加强和维护促进身体活动参与的社交网络。如建立一个“伙伴”系统，与其他人签订“协议”以完成特定水平的身体活动，或者建立步行或其他团体，以便在参与身体活动的同时结识同伴、收获友谊和支持，同时实现互相督促，并监测自己的进展情况，激励自我坚持参与活动。还可通过设置专门的讨论小组，共同商讨应对阻碍活动开展的因素及对活动的负面看法。

第五，为青少年创造进入体育活动场所的机会，并开展对参与者的健康行为教育、如何使用设备、风险因素筛选、健康和健身计划的制定等的培训。同时，创建步行小道、建造运动设施或增加进入现有的附近设施的机会。

第六，研究表明，安全、适合步行的和美观的社区会增加人们行走的次数。改善步行和骑行的基础设施，使步行和骑行更有吸引力、更容易和更安全，可以促进身体活动[1]。因此，街道范围内的城市设计和土地使用政策需要在这方面下文章，包括改善街道照明、增加过街处的舒适度和安全性、减少交通噪音、提高街景的美观度和确保人行道的连续性，以更好地支持青少年在小范围区域内开展身体活动。

第七，以积极的交通方式上下学。积极的学校交通干预措施旨在鼓励和支持儿童青少年（小学、中学和高中）采取积极的交通方式上下学（如步行、骑自行车、轮滑）。这些干预措施主要包括散步、步行上学、步行巴士和安全的上学路线。如果要实现这些计划，就需要在城市设计、土地使用和非基础设施等方面进行全方位的实践。

第八，在交通方面，通过改变道路设计标准，建立或加强自行车道；扩大、补贴或以其他方式增加公共交通的供应和使用；通过在公共汽车上提供自

[1] Robert Wood Johnson Foundation. Active transportation: making the link from transportation to physical activity and obesity. Active Living Research. Research Brief; 2009. Available at http://www.activelivingresearch.org/ files/ALR_Brief_ActiveTransportation.pdf.

行车架、奖励拼车及增加停车费用等方式，使步行、骑自行车、乘坐公共交通便利化。

社区范围内促进儿童青少年的身体活动参与的基本思路就是为其营造一个适合的建成环境，既包括政策方面的内容，也包括物质环境方面的内容。当社区、医疗机构和其他关键部门创造支持个人行为变化并使这些环境和政策系统化时，个人行为变化就更有可能持续下去。简单点说，就是改变现有的政策环境，使儿童青少年的身体活动参与更容易些，更便利些，更丰富些。

结 语

青少年健康危机是我们面临的严重问题。通过全面梳理国内外学校体育发展的历史脉络，可以清晰地看到世界各国为之付出的努力以及在不同阶段学校体育所承担的历史使命。从现代体育萌芽开始，学校体育在思想家们的影响下一步步构建出完整的框架体系，形成了当今的学校体育模式。但是由于政治、经济及社会背景的差异，学校体育在不同国家、不同历史阶段呈现出截然不同的特点。因此，学校体育的发展从来都不是孤立的，是整个社会发展的缩影，反映了时代的主旋律。在本书结笔之际，笔者愿与读者分享以下几点感悟。

一些思想家的主张虽久远，但仍不过时。在笔者看来，我们更应重温历史，重温这些思想家的主张，他们对体育地位的肯定及对体育教育价值的认可，是当今极度欠缺的。尤其是在我国，体育副科地位难以改变，本质上就是对体育教育价值的否认，是人们对体育缺乏全面认知的结果。即便是体育教师和即将成为体育教师的师范专业的学生也对体育一知半解，简单地将其理解为技能的学习。根源上的误解也必将带来错误的发展方向。

学校体育是解决青少年健康危机的主要力量，但绝不是单一力量。在我国，若这一思路不加以改变，青少年的健康问题就难以解决。随着家庭教育的发展，家庭在推动青少年身体活动参与方面有了较大的进步，但社区仍是最薄弱的环节。社区在提供青少年健康服务方面极度欠缺，关键在于认知的缺乏和不重视。换言之，青少年体育工作根本未列入社区工作，更谈不上发展。

不可否认，学校体育的发展问题重重，人们对体育教育的评价也偏向于负面。但是必须承认的是学校体育发展取得了长足的进步，围绕着“健康第一”的指导思想开展的学校体育越来越深入化、多样化、科学化，学校体育显著成效的取得需要时间的证明，更需要体育人的努力。体育教师水平的提升，体育教师队伍的壮大，是实现这一宏伟目标的关键。在平凡的工作岗位上，不随波逐流，永远保持初心，才有学校体育的未来。

最后，由于笔者能力有限及素材搜集的局限性，内容必定存在不全面等问题，还请不吝赐教，多批评指正，共同为学校体育的发展及青少年的健康促进贡献力量。

参考文献

[1] 谭华，刘春燕. 体育史 [M]. 北京：高等教育出版社，2017.

[2] 王登峰. 新时代体教融合的目标与学校体育的改革方向 [J]. 上海体育学院学报，2020，44（10）.

[3] 钟秉枢. 问题与展望：体教融合促进青少年健康发展 [J]. 上海体育学院学报，2020，44（10）.

[4] 毛振明. 近20年中小学体育课程教学改革回顾与反思 [J]. 上海体育学院学报，2019，43（3）.

[5] 季浏，马德浩. 新时代我国学校体育改革与发展 [J]. 体育科学，2019，39（3）.

[6] 季浏，马德浩. 改革开放40年我国学校体育发展回顾与前瞻 [J]. 体育学研究，2018，1（5）.

[7] 季浏. 我国《普通高中体育与健康课程标准（2017年版）》解读 [J]. 体育科学，2018，38（2）.

[8] 季浏. 对我国20年基础教育体育新课改若干问题的澄清与分析 [J]. 上海体育学院学报，2020，44（1）.

[9] 陈长洲，王红英，等. 新中国成立70周年中小学体育与健康课程标准的演变及反思 [J]. 上海体育学院学报，2020，44（6）.

[10] 陈长洲，王红英，等. 改革开放40年我国青少年健康政策的回顾、反思与展望 [J]. 体育科学，2019，39（3）.

[11] 季浏. 核心素养和体育课程改革 [J]. 体育研究与教育，2021，36（1）.

[12] 潘凌云，王健，等. 我国学校体育政策执行存在的问题与应对策略 [J]. 体育学刊，2017，24（2）.

[13] 刘海元，展恩燕. 对贯彻落实《关于深化体教融合促进青少年健康发展的意见》的思考 [J]. 体育学刊，2020，27（6）.

[14] 周登嵩. 新世纪我国学校体育改革与发展研究综览 [J]. 首都体育学院学报，2005，（3）.

[15] 梁恒，李静波. 新中国成立以来我国体育锻炼标准的变迁 [J]. 体育学刊，2011，18（5）.

[16] 曾吉，蔡仲林，等. 新中国成立以来我国学生体质健康标准的演变与发展 [J]. 沈阳体育学院学报，2007（4）.
[17] 于红妍. 中国学生体质测试的演进历程及阶段特征 [J]. 北京体育大学学报，2014，37（10）.
[18] 曾桓辉. 新中国成立后推行“劳卫制”的历史研究 [J]. 体育文化导刊，2005（2）.
[19] 李凤梅. 从经验到实践：劳卫制论争的时代价值与启示 [J]. 北京体育大学学报，2020，43（8）.
[20] 季浏.《普通高中体育与健康课程标准》“2017年版”对“实验版”的继承与发展. 首都体育学院学报，2018，30（3）.
[21] 王皋华. 学生体质健康标准演变与发展的理性思考 [J]. 首都体育学院学报，2004（2）.
[22] 何劲鹏，杨伟群. 我国学校体育政策执行“不良心态”本质透析与制度性化解 [J]. 北京体育大学学报，2018，41（2）.
[23] 高鹏. 新中国70年学校体育发展演变与历史经验 [J]. 北京体育大学学报，2019，42（11）.
[24] 王军，王猛，等. 约翰·洛克的身体教育观分析 [J]. 体育与科学，2002（4）.
[25] 张晓军. 近代国人对西方体育认识的嬗变 [D]. 长春：吉林大学，2010.
[26] 张宝强. 体育专业留学生与中国体育发展研究 [D]. 福州：福建师范大学，2011.
[27] 张爱红. 约翰·洛克的体育思想研究 [D]. 北京：北京体育大学，2012.
[28] 柳鸣毅，龚海培，等. 体教融合：时代使命·国际镜鉴·中国方案 [J]. 武汉体育学院学报，2020，54（10）.
[29] 龚海培，柳鸣毅，等. 体教融合的科学循证：体育锻炼和文化学习的相互关联 [J]. 中国体育科技，2020，56（10）.
[30] 张文鹏，王健. 新中国成立以来学校体育政策的演进：基于政策文本的研究 [J]. 体育科学，2015，35（2）.
[31] 栾丽霞，康冰心.《国家学生体质健康标准》执行效力评价研究 [J]. 武汉体育学院学报，2016，50（8）.
[32] 杨雅晰，刘昕. 改革开放40年学校体育政策嬗变的回溯与展望 [J]. 北京体育大学学报，2019，42（5）.

[33] 刘宁，刘静民，等. 改革开放以来我国学校体育政策、法规演变脉络之研究［J］. 体育科学，2009，29（12）.
[34] 邓妮娇，王华倬. 古希腊到欧洲中世纪体育教育思想的历史演进与启示［J］. 体育学刊，2020，27（1）.
[35] 李相如. 中国体育传统项目学校发展现状与管理机制研究［J］. 体育科学，2006（6）.
[36] 王凯珍，刘海元，等. 我国普通高等学校高水平运动队建设现状及发展对策［J］. 首都体育学院学报，2011，23（2）.
[37] 王曼. 建国后我国学校体育评价标准的演变与发展［J］. 吉林体育学院学报，2010，26（3）.
[38] 刘欣. 中国近代学校体育发展研究［D］. 天津：天津大学，2017.
[39] 刘越，朱亚成，等. 学校体育中央7号文件实施10周年的回顾与展望［C］. 2017年全国竞技体育科学论文报告会论文摘要汇编.
[40] 杨贵仁. 中央7号文件实施5周年的回顾与展望［J］. 首都体育学院学报，2012，24（3）.
[41] 刘海元. 全国教育系统落实中央7号文件的基本情况［J］. 体育学刊，2008，（3）.
[42] 陆贝. 中美两国促进儿童青少年身体活动研究［M］. 北京：人民体育出版社，2018.
[43] 周建东，于涛. 体育中考制度改革对学校体育的影响考量——以“青岛模式”为例［J］. 成都体育学院学报，2017，43（2）.
[44] 骆雷，吕笑蓉，等. 我国青少年体育俱乐部的发展现状研究［J］. 中国体育科技，2006（3）.

